SHANXISHENG
SHENGJI CHUANGXINXING CHENGSHI
PINGJIA JI PEIYU YANJIU

山西省 省级创新型城市评价及培育研究

郭艳丽 著

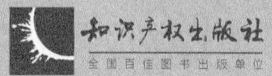

知识产权出版社
全国百佳图书出版单位

图书在版编目（CIP）数据

山西省省级创新型城市评价及培育研究/郭艳丽著.—北京：知识产权出版社，2017.11
ISBN 978-7-5130-5178-1

Ⅰ.①山… Ⅱ.①郭… Ⅲ.①城市建设—研究—山西 Ⅳ.①F299.272.5

中国版本图书馆 CIP 数据核字（2017）第 237331 号

内容提要

本书从创新型城市的概念出发，深度把握创新型城市的内涵、特点和构成要素，借鉴国内外创新型城市构建的评价指标体系，结合山西省各城市的实际情况，构建适合山西省省级创新型城市指标体系，根据指数法进行综合评价，得出山西省省级创新型城市的综合指数和分指数排名，在对结果进行讨论的基础上，提出适合山西省省级创新型城市培育的对策建议及相应的保障措施。

责任编辑：彭喜英　　　　　　　　责任出版：孙婷婷

山西省省级创新型城市评价及培育研究

郭艳丽　著

出版发行：知识产权出版社 有限责任公司	网　　址：http://www.ipph.cn
电　　话：010-82004826	http://www.laichushu.com
社　　址：北京市海淀区气象路 50 号院	邮　　编：100081
责编电话：010-82000860 转 8539	责编邮箱：pengxyjane@163.com
发行电话：010-82000860 转 8101	发行传真：010-82000893
印　　刷：北京九州迅驰传媒文化有限公司	经　　销：各大网上书店、新华书店及相关专业书店
开　　本：720mm×1000mm　1/16	印　　张：10.75
版　　次：2017 年 11 月第 1 版	印　　次：2017 年 11 月第 1 次印刷
字　　数：182 千字	定　　价：48.00 元

ISBN 978-7-5130-5178-1

出版权专有　　侵权必究

如有印装质量问题，本社负责调换。

前　言

　　创新型城市建设是全面落实国家自主创新战略、构建区域创新体系、增强区域可持续发展能力的重要载体。党的十八大做出了实施创新驱动战略的重大部署，强调科技创新是提高社会生产力和综合国力的战略支撑，必须摆在国家发展全局的核心位置。城市的建设融入创新型发展的理念，寻求稳定的、可持续的全面发展，调整区域产业结构，培育一批特色鲜明、优势互补的国家创新型城市，可形成若干区域创新发展增长极，增强国家综合实力和国际竞争力，为实现创新型国家建设目标奠定坚实基础。

　　2010年，太原市被国家科学技术部批准为国家创新型试点城市，2015年，阳泉市被确定为山西省创新型试点城市，山西省以提升自主创新能力为重点，进行创新型城市建设，正在形成具有鲜明地域特色的区域科技创新体系，表现出较强的区域经济发展能力。在"十三五"时期，山西全省上下要以创新型城市建设为抓手，大力实施创新驱动战略，积极推进创新型城市建设，以使山西省的科技创新能力快速提高、科技创新主体不断壮大、科技贡献力显著提升、科技综合实力进一步增强，以使科技进步对山西省经济发展的贡献度增强，营造"大众创业、万众创新"的政策环境和制度环境。

在研究过程中，本书主要围绕以下三个方面进行考虑：一是贯彻党的十八大和十八届三中全会提出的深化科技体制改革，实施创新驱动发展战略的有关精神，把科技支撑引领经济发展方式转变作为重要任务；二是充分借鉴其他建设创新型城市、创新型试点城区的经验，取他人建设之所长，补山西发展之所需；三是对照山西省发展改革委员会、山西省科学技术厅等厅局发布的相关政策的要求，吸收到研究中来，并且充分考虑山西省的当前经济基础及产业发展规划。

本书对相关领域的学术前沿成果进行了系统梳理，同时，认真学习了《中共中央国务院关于深化体制机制改革 加快实施创新驱动发展战略的若干意见》《中国制造2025》《全国资源型城市可持续发展规划（2013—2020年）》《国家创新驱动发展战略山西行动计划（2014—2020年）》《山西省低碳创新行动计划》《围绕煤炭产业清洁、安全、低碳、高效发展拟重点安排的科技攻关项目指南》《中共山西省委山西省人民政府关于实施科技创新的若干意见》《太原市工业经济创新驱动发展行动方案（2015—2020年）（试行）》《阳泉市创新驱动发展战略实施方案》等重要文件。在对科技园区、相关企业、科技管理部门调研的基础上，项目组成员经过多次交流、研讨，最终形成了本研究成果。

本书内容共分为10章。第1章阐述了山西省创新型城市问题的研究背景，明确了研究目的及意义、研究的主要内容和采用的研究方法；第2章为研究综述和理论基础，包括创新型城市内涵的描述、创新型城市评价体系的研究综述等内容；第3章对统计数据作了横向比较分析，描述了山西省城市的发展情况；第4章叙述与分析了国内外创新型城市建设的模式与经验。第5章阐述了山西省省级创新型城市建设的指导思想、基本原则和战略目标；第6章阐述了创新型城市评价指标体系构建的目的、本项目指标体系构建的原则及本项目指标体系的设置；第7章

前　言

利用指数法对山西省省级创新型城市进行了综合评价；第 8 章提出了山西省省级创新型城市的发展模式，以及从科学技术创新、产业发展创新、体制机制创新、社会文化创新等方面提出了进行创新型城市建设的主要任务；第 9 章从组织领导、财税政策、人才培育、中小微企业发展、法规保障、考评督查等方面提出了进行创新型城市建设的保障措施；第 10 章为结论部分。

本书的顺利撰写与出版要感谢山西省软科学研究重大项目（2014042001-01）的资助，本书的形成也是项目研究成果的一个完美总结。本书可以说是我们师生合作的共同成果，硕士生刘浩洲、柴璐、林文芳、贺一帆对本书所需要的统计数据资料的查找、数据计算做了许多工作。感谢在项目团队的研究过程中时常提供建议的老师们。我还要特别感谢鼓励我持续研究并总结出版的任利成教授。在此，谨向对本书出版有过帮助的老师们、朋友们表示衷心的感谢。

郭艳丽

2017 年 7 月

目 录

第 1 章 绪论 …………………………………………………… 1

  1.1 研究背景 ………………………………………………… 1
  1.2 研究目的 ………………………………………………… 5
  1.3 研究意义 ………………………………………………… 6
  1.4 研究的内容框架 ………………………………………… 7
  1.5 研究方法 ………………………………………………… 9

第 2 章 理论基础和研究综述 ………………………………… 11

  2.1 创新生态系统理论 ……………………………………… 11
  2.2 城市创新系统理论 ……………………………………… 12
  2.3 创新型城市的内涵 ……………………………………… 13
    2.3.1 创新型城市的概念 ………………………………… 13
    2.3.2 创新型城市的构成要素 …………………………… 16
    2.3.3 创新型城市的核心内容 …………………………… 17
    2.3.4 创新型城市发展的根本动因 ……………………… 19
    2.3.5 创新型城市建设的战略意义 ……………………… 20

2.4 创新型城市评价体系的研究综述 ……………………………… 22
2.4.1 国外相关指标体系回顾 ……………………………… 22
2.4.2 国内相关指标体系回顾 ……………………………… 25
2.4.3 指标体系述评 ……………………………………… 28
2.5 指数法应用理论 ……………………………………………… 31
2.5.1 指数法在经济领域的应用 …………………………… 31
2.5.2 指数法在其他领域的拓展应用 ……………………… 31

第3章 山西省创新型城市概况 …………………………………… 35
3.1 山西省整体发展概况 ………………………………………… 36
3.2 山西省城市发展状况 ………………………………………… 41
3.3 山西省创新型城市政府政策 ………………………………… 51
3.4 山西省创新型城市特点 ……………………………………… 52

第4章 国内外创新型城市建设的模式与经验 …………………… 53
4.1 国外创新型城市建设的经验 ………………………………… 53
4.1.1 日本川崎 ……………………………………………… 53
4.1.2 印度班加罗尔 ………………………………………… 56
4.1.3 德国鲁尔区 …………………………………………… 58
4.1.4 国外创新型城市建设情况 …………………………… 61
4.2 国内创新型城市建设的模式 ………………………………… 62
4.2.1 深圳模式：高科技"智"造的自主创新模式 ……… 62
4.2.2 武汉模式：知识引领的光谷创新模式 ……………… 66
4.2.3 苏州模式：高端制造的国际创新模式 ……………… 70
4.2.4 国内创新型城市建设情况 …………………………… 74
4.3 案例总结 ……………………………………………………… 75

目 录

第 5 章 山西省省级创新型城市建设的总体战略 …… 78

5.1 指导思想 …………………………………………… 78
5.2 基本原则 …………………………………………… 79
5.3 战略目标 …………………………………………… 80

第 6 章 山西省省级创新型城市评价指标体系 …… 81

6.1 创新型城市评价指标体系构建的目的 …………… 81
6.2 创新型城市评价指标体系的构建原则 …………… 82
6.3 创新型城市的概念模型 …………………………… 83
6.3.1 创新型城市构成要素 ……………………… 84
6.3.2 创新型城市构成要素之间的关系 ………… 85
6.3.3 构建创新型城市概念模型 ………………… 86
6.4 创新型城市评价指标体系的设置 ………………… 86
6.4.1 指标体系设置 ……………………………… 86
6.4.2 指标体系说明 ……………………………… 88

第 7 章 山西省省级创新型城市的综合评价 ……… 100

7.1 山西省创新型城市综合评价流程 ………………… 100
7.2 指标权重的确定 …………………………………… 101
7.3 指标数据的标准化 ………………………………… 104
7.4 指数模型的构建 …………………………………… 109
7.4.1 指数计算模型 ……………………………… 109
7.4.2 分指数的合成 ……………………………… 109
7.4.3 创新型城市综合指数的合成 ……………… 110
7.5 山西省创新型城市指数评价结果 ………………… 111

7.6 进一步讨论 ··· 112

第 8 章 山西省省级创新型城市培育的对策建议 ················· 118

 8.1 山西省省级创新型城市发展模式 ··························· 118

 8.2 创新型城市建设的主要任务 ······························· 120

  8.2.1 科学技术创新 ······································ 120

  8.2.2 产业发展创新 ······································ 123

  8.2.3 体制机制创新 ······································ 127

  8.2.4 社会文化创新 ······································ 132

第 9 章 山西省省级创新型城市培育的保障措施 ················· 135

第 10 章 结论 ··· 139

附　录 ··· 141

 附录 1　山西省城市创新政策汇总分类表 ······················· 141

 附录 2　城市创新情况调查表（面向科技局） ··················· 146

 附录 3　创新、创新型城市调查问卷（面向大众） ··············· 152

参考文献 ··· 156

第1章 绪　　论

1.1　研究背景

2006年中华人民共和国国务院颁发实施了《国家中长期科学和技术发展规划纲要（2006—2020）》，提出了建设创新型国家的国家发展战略。2011年3月17日颁布实施的《中华人民共和国国民经济和社会发展第十二个五年规划纲要》明确提出，要根据制定的中长期人才、教育和科技规划纲要实施科教兴国、人才强国的战略，发挥科学技术和人才资源的作用，加快建设创新型国家；进一步提出，要发挥国家创新型城市、自主创新示范区、高新区的集聚辐射带动的作用，加快形成若干个区域创新中心。这为开展创新型城市建设，更好地建设创新型城市提供了重要的政策依据和规划依据。2011年7月，科学技术部颁发实施了《国家"十二五"科学和技术发展规划》，提出国家的根本任务是以创新为发展驱动力，促进科学技术成果的转化，力求科技能够惠及民生。

自2011年下半年以来，中国经济增速从以前的平均10%左右下降到7%左右的水平，经济社会发展进入了"新常态"。2012年左右也正好是中国从工业化中期进入后期的转折点。工业化中期主导产业是资本密集型的重化工业，如能源、钢铁、水泥、电力等；工业化后期主导产业是以汽车、装备制造等为代表的高加工度制造业及生产性服务业；而后工业化阶段，主导产业是服务业。中国劳动年龄人口已经进入下降阶段，劳动力数量对经济增长的贡献将进一步下降甚至为负，资本积累的贡献也有降低的内在要求；工业化后期经济增长的新动力主要在于要素质量提升、资源优化配置和创新驱动。

党的十八大做出了实施创新驱动发展战略的重大部署，强调科技创新是提高社会生产力和综合国力的战略支撑，必须摆在国家发展全局的核心位置。习近平总书记明确指出，"科技是国家强盛之基，创新是民族进步之魂""实施创新驱动发展战略，就是要推动以科技创新为核心的全面创新，坚持需求导向和产业化方向"。2015年7月16日，山西省科技创新推进大会在太原召开，省委书记王儒林联系山西实际，提出要坚持创新驱动发展，把科技创新摆到发展全局的核心位置，坚持全面创新，努力实现全省产业转型发展。

半个多世纪以来，世界上众多国家都在各自不同的起点上，努力寻求实现工业化和现代化的道路。一些国家主要依靠自身丰富的自然资源增加国民财富，如中东产油国家；一些国家主要依附于发达国家的资本、市场和技术，如一些拉美国家；还有一些国家把科技创新作为基本战略，大幅度提高科技创新能力，形成日益强大的竞争优势，国际学术界把这一类国家称为创新型国家。

目前世界上公认的创新型国家有20个左右，比如美国、日本、韩国、芬兰、瑞士、瑞典等。这些国家的共同特征是：创新综合指数明显高于其他国家，科技进步贡献率在70%以上，研发投入占国内生产总值

（GDP）的比例一般在3%以上，对外技术依存度指标一般在30%以下。此外，这些国家所获得的三方专利（美国、欧洲和日本授权的专利）数占世界数量的绝大多数。

创新型国家的认定是依据英国经济学人信息部（Economist Intelligence Unit）发布的《全球最具创新力国家最新排名》（*A New Ranking of the World's Most Innovative Countries*），这是目前全球最公正和权威的排名。

经济学人信息部制定了排名创新型国家的两个指标：创新产出（Innovation Outputs）和创新投入（Innovation Inputs），创新效率即创新产出（创新绩效）和创新投入（创新驱动力）两个指标之间的比值。创新产出是以欧洲专利局（EPO）、日本专利局（JPO）、美国专利和商标局（USPTO）这三大全球官方专利机构颁发的专利数量作为依据。

全球排名前20位的这些创新型国家，科技进步贡献率在70%以上，美国是80%，中国是39%；研发投入（R&D）占GDP的比例（R&D/GDP）在2%以上，欧盟提出要占到3%，韩国提出要占到4%，中国目前是1.35%左右；对外技术依存度指标在30%以下，美国、日本在5%以下，中国在50%以上；所获得欧洲、日本、美国授权的"三方专利"占全球数量的97%。由于这些国家成功经验的榜样作用，创新已经成为企业组织和民族国家追求的最高发展目标，现在全世界在发展理念上已经形成一个最大的共识：只有创新才能支撑未来的发展。

西方国家对创新型城市的研究起源于两大因素：一是为解决城市发展陷入衰退的困境，二是为应对世界经济全球化的快速扩张。20世纪80年代以后，知识密集型产业成为发达国家城市经济中最主要的产业形式，以金融、信息、管理等为代表的现代知识产业在发达城市快速发展，提供知识和信息的服务经济逐渐取代工业经济，以知识、技术和服务创新的城市创新网络和创新体系成为知识经济发展的重要保障。同时，西方学者也观察到了城市的衰退以及面临的种种危机，开始认真思考城市未来的发展和出路，把创新从艺术和技术层面扩展到经济、社会和文化层面，全面创新被认为是城市复兴发展的核心动力，并由此开展了一系列关于城市创新战略的研究，创新型城市应运而生。

发达国家创新型城市建设经验说明，唯有创新，才能引领世界发展潮流，才能在国际竞争中占据主动。如果说国与国之间的竞争已越来越取决于自主创新的能力，那么城市与城市之间的竞争越来越取决于自主创新的动力。

《国家中长期科学与技术发展规划纲要（2006—2020）》把建设创新型国家作为面向未来的重大战略选择，争取2020年进入创新型国家的行列，使我国的自主创新能力显著增强。创新型城市是建设创新型国家背景中发展起来的重要创新单元，既是建设创新型国家的重要组成部分，也是创新型企业孕育发展的主体环境。创新型城市主要指依赖科技、知识、人才、文化、体制等创新要素驱动发展的城市，这是特定历史阶段内城市创新要素集聚和发挥作用的一种城市发展模式，创新型城市在城市群内或更大区域内起高端辐射与引领作用。

2010年1月6日，国家发展改革委员会决定在深圳"先行先试"后，原则同意国内16个城市成为创新型试点城市，加快创新型国家建设进度。2010年1月至2011年7月，科学技术部分3次共批准42个城市为国家创新型试点城市。创新型城市是推动国家创新发展的关键，是推进城市可持续发展、建成创新型国家的力量之源。由此，全国各省市以及企业都相应地提出建设创新型城市、创新型企业的目标。

山西省是我国最为典型的资源型经济省份之一，矿产资源非常丰富，作为全国的能源工业基地，多年来山西省长期高强度开发资源，资源利用水平低下，产业结构单一，产业重型化的问题依然突出。长期以来，山西省第一产业基础薄弱，效率偏低，第二产业比重大，多属于传统低端行业，第三产业份额相对不足。作为全国重要的能源供应基地，长期以煤炭为主的传统粗放型发展方式造成了对生态环境的严重破坏和资源浪费，并致使山西省产业结构不合理、单一死板，资源型经济发展受到制约。另外，近年来煤炭行业不景气，煤炭价格持续跌落，山西省资源型经济的转型和可持续发展陷入困局，经济发展很难提速。

煤炭产业衰退，发展模式粗放，山西省的经济主导产业已成为发展的桎梏。山西省GDP增速2014年为4.9%，2015年为3.1%，持续下滑，连续两年全国排位倒数，经济发展处于最困难时期。经济增长速度减缓，产业结构调整，对山西的发展产生巨大的冲击力。山西省要突破制约，实现发展，就必须依靠创新寻求出路。

山西省响应国家号召，致力于创新型城市的建设。建立创新型城市的评价体系是引领创新型城市建设、指导城市发展方向的一项内容。目前，还未出现针对山西省的城市情况制定相关的评价指标体系，在这一背景下，本书在山西省科技厅组织的软科学研究重大项目的支持下，研究山西省创新型城市评价考核体系及创新型城市的培育问题。

1.2 研究目的

山西省创新型城市的建设尚处于初级阶段，实践工作缺乏相关的理论指导和依据。本书在深入研究城市创新系统理论的基础上，以创新型城市的管理理论和相关评价体系为依据，比较山西省和国内其他省市的发展差距、结合山西省的实际情况，提出一套系统、科学、易操作管理的指标体系；利用指数评价方法，对山西省城市建设状况进行评价；考虑山西省11个地市在创新主体、创新资源、创新环境、创新产出等方面的发展情况，提出创新型城市培育的对策及其保障措施。

1.3 研究意义

（1）实践意义

目前学术界有不少学者关注创新型城市评价体系的研究，但评价的标准不统一，适用的对象也不同。另外，不同城市的历史、文化、经济基础等方面存在差异，现有的指标体系用来评价山西省可能不科学、不合理。因此，根据山西省的经济特点与发展方向构建山西省省级创新型城市的评价体系十分必要。

创新型城市评价指标体系是监测创新活动的工具，是政府决策的依据，有很重要的实践价值。本书建立适合山西省省级创新型城市评价指标体系，可以对山西省城市创新建设全面评价，监测各项创新活动，及时发现问题并调整，为各项创新决策提供基本依据，更好地指导山西省省级创新型城市建设。创新型城市综合指数为以后山西省省级创新型城市的评价提供参考。

（2）理论意义

本书提出的评价体系丰富了创新型城市建设相关理论。创新型城市评价指标体系是创新型城市建设相关理论中的一部分，完整、合理和科学的评价指标体系对建设创新型城市有着正面积极的作用，对创新型城市相关理论的完善起到促进作用。创新型城市综合指数为山西省省级创新型城市建设评价提供了方法。

第1章 绪　　论

1.4　研究的内容框架

（1）研究内容

本书从创新型城市概念出发，深度把握创新型城市的内涵、特点和构成要素，借鉴国内外创新型城市构建的评价指标体系，结合山西省各城市的实际情况，构建适合山西省省级创新型城市指标体系和评价方法。

本书各章内容概述如下。

第1章，绪论。阐述了山西省创新型城市问题的研究背景，明确了研究目的及意义、研究的主要内容和采用的研究方法。

第2章，理论基础和研究综述。以城市创新系统理论为基础，认为创新型城市首先是一个城市创新系统，具备城市创新系统的要素和功能，并且有更高层次的要求。从创新型城市的概念、构成要素、核心内容及发展动因等方面，深刻剖析与理解创新型城市的内涵，为构建创新型城市的概念模型打好理论基础。对国内外相关的创新型城市评价体系进行归纳整理，总结出创新型城市评价体系包含的主要内容、选用的评价方法及存在的不足。阐述指数法在经济领域及以外的扩展应用，为本书建立指数计算模型提供理论基础。

第3章，山西省创新型城市概况。本章旨在了解研究主体山西省省级创新型城市的状况，是构建山西省省级创新型城市评价体系的现实基础。通过与全国城市和中部六省的比较，对山西省的整体概况进行初步了解。从城市发展的角度分析山西省11个城市的基本情况。从城市发展政策的角度，进一步把握山西省创新型城市的发展状况。最后总结山西省创新型城市的特点。

第4章，国内外创新型城市建设的模式与经验。本章主要对国外和

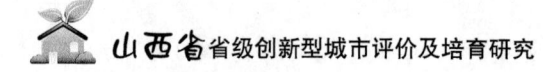

国内的创新型城市案例进行分析,通过对其发展路径进行经验、模式的对比分析,梳理创新型城市形成的基本要素。

第5章,山西省省级创新型城市建设的总体战略。包括指导思想、基本原则和战略目标。

第6章,山西省省级创新型城市评价指标体系。明确构建指标体系的目的和原则。根据第2章和第4章的理论基础,提出创新型城市必须具备的构成要素,分析各要素之间的关系,提出创新型城市的概念模型。根据概念模型,从创新主体要素、创新资源要素、创新环境要素、创新产出要素及辐射带动能力要素5个方面搭建山西省省级创新型城市评价指标体系的框架,选取指标充实评价体系框架,完成指标体系的构建。

第7章,山西省省级创新型城市的综合评价。根据指数法在经济以外领域应用的相关理论,构建了创新型城市综合指数模型。运用该模型对山西省城市进行综合评价,得出综合指数和分指数排名,进一步对结果进行讨论分析。

第8章,山西省省级创新型城市培育的对策建议。提出了山西省省级创新型城市发展模式,以及从科学技术创新、产业发展创新、体制机制创新、社会文化创新等方面提出了进行创新型城市建设的主要任务。

第9章,山西省省级创新型城市培育的保障措施。从组织领导、财税政策、人才培育、中小微企业发展、法规保障、考评督查等方面提出了进行创新型城市建设的保障措施。

第10章,结论。

(2) 研究框架图

本研究框架如图 1.1 所示。

```
提出问题    ----→   研究背景、研究意义

理论分析    ----→   文献综述和理论基础

实际分析    ----→   山西省创新型城市概况  |  国内外创新型城市建设的模式与经验

解决方案    ----→   山西省省级创新型城市建设的总体战略

方法        ----→   山西省省级创新型城市评价指标体系  |  山西省省级创新型城市的综合评价

政策措施    ----→   山西省省级创新型城市培育的对策建议  |  山西省省级创新型城市培育的保障措施

研究总结    ----→   结论
```

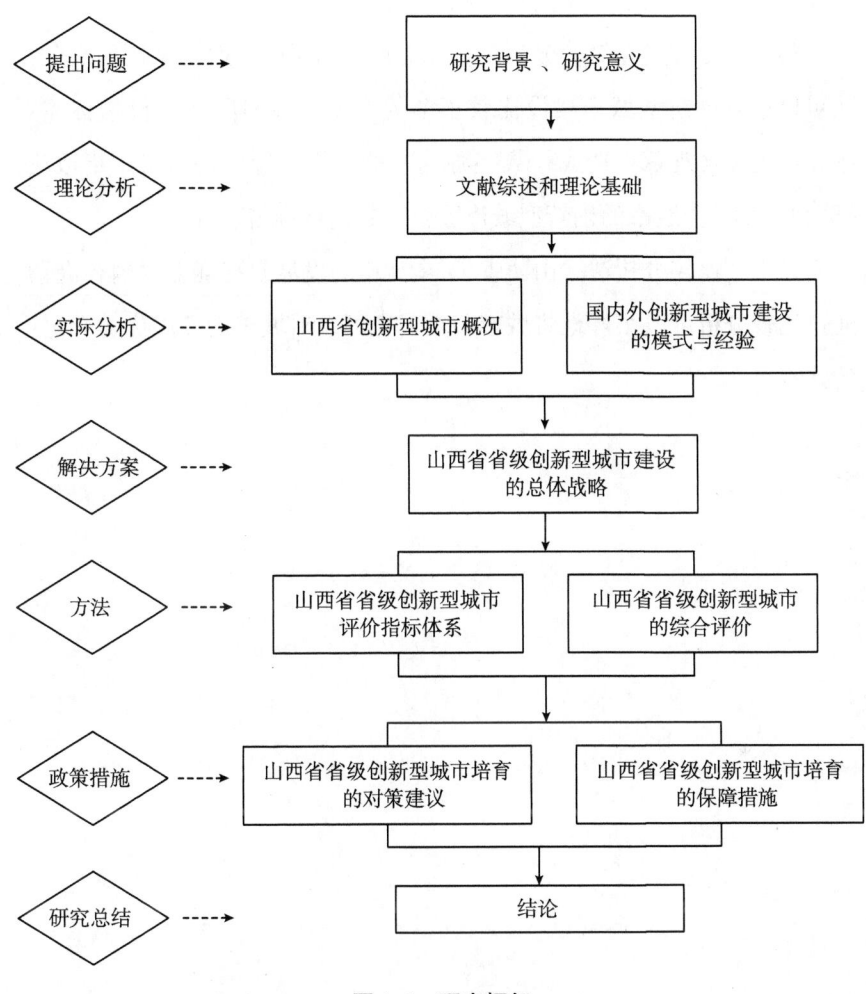

图 1.1　研究框架

1.5　研究方法

第一，文献资料法。本书收集和整理了与本项目的研究相关的文献

资料，通过国内外研究者相关理论和实证的研究成果的对比分析，寻求可能的研究突破点和创新点；通过资料了解山西省的情况，通过各地市科技局提供的数据、年鉴资料等收集数据，等等。

第二，定性定量结合分析法。在对评价指标赋权时，采用层次分析法可以把对创新型城市建设比较了解的专家的经验赋予评价指标体系中，避免了客观赋权造成"数字游戏"的后果。综合评价采用指数法，把山西省11个地市的创新型城市综合指数进行排名。

第三，比较分析法。山西省11个地市的发展状况涵盖的内容庞杂，通过比较分析可以很好地将城市归类，也可以对城市的发展优劣有定性的认识。

第 2 章　理论基础和研究综述

2.1　创新生态系统理论

　　生态系统一般是指在一定空间内生物群落和外界非生物环境互相交换和传递能量、物质的整体的系统，生态系统主要是由两部分构成，一部分是生物群落，另一部分是外界环境。生物群落主要由生态系统内的生物构成，外界环境包括无机物质、有机化合物和外界气候。

　　杨东升认为创新系统目前已经逐步呈现出生态系统的特点[1]。黄鲁成第一次将创新生态系统的概念归纳为：创新生态系统是创新系统内的创新主体与外界环境通过交换信息、能量及物质，从而形成了各要素直接相互影响，互相依赖的系统[2]。罗亚非认为，企业、科研机构、高校、政府共同构成了创新生态系统中的创新主体，而外界环境由创新物质资源、创新文化环境所构成[3]。

　　与传统的创新系统研究相比较，国内外学者通过研究生态学的相关理论，与创新系统相结合，进而对创新生态系统的概念和内涵进行诠释，并且对分析创新生态系统内部的规律具有十分重要的意义。首先，

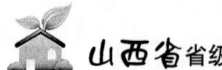

创新系统内部各个要素都是互相依存,互相影响的,这与生态系统的特点十分相似,如果单独研究创新系统内的某个要素,而不考虑其他环节的话,是没有意义的,通过参考生态系统的研究方法对于研究创新系统是十分有意义的,必须从整体来研究创新系统[4]。其次,创新系统中的创新主体与外界环境的相互作用都是动态的,而目前对于创新系统的研究更多的是把创新环境简单地看作静态的环境,对于外界环境的动态性与变化性没有太多的考虑。所以,结合生态系统的理论来研究创新系统是十分必要的。

2.2 城市创新系统理论

赵黎明教授用系统动力学知识,通过城市创新系统理论研究城市经济增长问题。他对城市创新系统有深刻的理解:在一定区域内的创新过程中,和创新相关的要素包括主体要素、非主体要素以及制度和政策(协调要素之间的关系)共同作用形成的社会经济系统[5]。其内涵是:城市创新系统在以城市为核心,且对外开放的区域范围内,系统内部各要素以及协调因素互相作用形成一个完整的系统,系统创新发展影响社会、生态、经济的发展[6]。

城市创新系统主要包括的要素有企业、科研机构、政府等,创新需要具备的物质资料、资源等非主体要素,以及起协调作用的政策、体制等[5]。

城市创新系统是参与创新活动的所有组织和相关的条件环境等构成的一个网络体系,行为组织可以对外交流合作,因而具有开放性的特点,除此之外,还有网络性、层次性等特征[7]。城市创新系统可以聚集科技产业,实现的创新可以对外扩散[8],因而有集聚性和扩散性的特点。功能主要有聚集产业形成创新,合理配置资源,提高科技成果转化能力，改变经济发展结构，实现区域经济增长等[9]。

2.3 创新型城市的内涵

2.3.1 创新型城市的概念

最初，西方的一些城市面临衰退以及各种危机，人们开始思考城市的发展方向和出路，创新随之扩展到经济、文化和社会等方面，被认为是城市摆脱危机、实现发展的驱动力。英国创新型城市研究权威机构 COMEDIA 的创始人 Charles Landry 研究了大量的案例，在其代表性专著《创新城市》(*The Creative City*) 中，提出了创新型城市（Creative City）的正式概念[10]。他提出创新型城市由七个要素组成：富有创意的人、意志与领导力、人的多样性与智慧获取、开放的组织文化、对本地身份强烈的正面认同感、城市空间与设施和上网机会。

在国外，创新型城市有不同的定义，分别为 Creative City 和 Innovation City。Creative City 字面带有"创意"的意思，研究内容强调理念、创意和文化等创造力，应用区域一般为传统的发达国家（英国、荷兰等）。创新型城市在刚提出时意思为 Creative City，用具有创造性的方法来解决城市发展出现的问题、面临的危机等，这些问题包含经济、金融、文化等方面[11]。

英国伦敦大学规划学教授 Peter Hall 于 1999 年深入分析城市未来的行为，其中重要的一项内容是创新[12]。2000 年提出创新型城市具有技术创新性、文化智能性、技术组织性等的功能[13]。James Simmie 认为创新型城市是一个完整的创新性系统[14]。城市创新体系是指创新主体通过生产资源、信息传播、共用环境等产生交互作用，形成一个网络系统。创新主体在系统中有多种,承担的角色也不一样,有技术创新的主体功能、提供新的科学知识、协调功能、促进技术转移等。尹继佐认为,全方位性的、全过程性的创新,使得城市可以跨越式发展[15]。

随着创新型城市的不断发展,创新作为驱动力的思想逐渐形成。Manfred认为,创新是促进城市经济增长和社会发展的驱动力,从这个角度定义了创新型城市[16]。创新型城市以创新为核心驱动力,激活城市的创新意识,把相关的创新资源集聚在一起,通过创新活动推进创新成果的产出,并对周围的其他区域产生辐射带动作用。

日本创意城市研究者佐佐木雅幸认为创新型城市是市民能够自由发挥其创意活动,文化与产业均富于创造性,并且具备脱离了大生产体系的、创新性的灵活的城市经济体系,能够创造性地解决全球性环境问题或区域性社会问题,拥有丰富创意场所的城市。创新型城市的要素应包含艺术家与科学工作者的创意,同时一线劳动者与手工艺者也需要开展创意活动;一般市民要具备能够享受艺术文化的充裕收入和自由时间;具备各种综合大学、技术学校、研究机构和歌舞剧院等充实的文化设施;环境政策是城市发展政策的重要组成部分;城市发展政策要考虑经济与文化平衡发展;在城市综合发展政策中,创意文化政策有一席之地。

国内对创新型城市的研究源于创新型国家建设的需要,对创新型城市的理解偏重于科技和技术创新引领城市区域经济发展的作用。

中国工程院院士邹德慈认为创新型城市的构成要素由产业创新(产业结构问题、新兴产业问题和产业集群)、支撑条件(基础设施)创新和制度创新三方面组成。

杨冬梅等在城市发展理论基础上提出创新型城市的概念,指在新经济条件下,区域科技中心城市糅合了知识经济的内容,以城市可持续发展为目标,以创新为核心驱动力,有效集聚和配置创新资源促进平衡协调发展而形成的城市[17]。

第2章 理论基础和研究综述

纪宝成认为创新型城市是依托城市创新体系和创新环境，不断提升技术创新、制度创新能力，促进资源有效配置和增长方式的不断优化，实现可持续发展的城市。

从创新资源的视角看，创新型城市是创新资源的集合体。在一定的创新环境中，城市创新主体把创新资源聚合在一起，努力提高创新能力和绩效，做到使创新成为主导驱动城市发展的动力[18]。

城市实现复兴的唯一途径就是整体创新，其中关键内容是城市的创新基础、文化以及创新环境。另外，只有城市学方面的专家及其他领域的人员都参与进来，才会更加全面、客观、准确地判断创新型城市。

国内外关于创新型城市内涵的研究比较丰富，可以大致从广义和狭义两方面来理解。

狭义上的创新型城市强调知识、技术对城市发展的作用，主要通过科技的创新，实现不断创新发展、提升城市的竞争力，以后逐渐把创新拓展到体制创新、产业创新、区域创新与人力创新等领域。

广义的创新型城市强调创新是发生在社会、经济、生活各个领域中的一种活动，创新意识是市民思维不可分割的一部分，城市能够将创新想法付诸实施，并将创新实践和成果不断宣传、传播，维持城市不断进行新的创新过程。

综上所述，时代在变迁，社会在发展，创新型城市的概念由解决城市发展问题逐渐演变为城市依靠创新要素驱动，实现城市发展，并带动周围地区的发展。不同学者对创新型城市有不同的定义，但我国城市发展主要以国家科学技术部的界定为依据：创新型城市是指自主创新能力强、科技支撑引领作用明显、经济社会可持续发展水平高、区域辐射引领作用显著的城市，旨在依靠科技、知识、人力、文化、体制等创新要素驱动城市的发展，并对周边区域起到辐射与引领作用[19]。

2.3.2 创新型城市的构成要素

杨冬梅认为创新型城市由能动要素和环境要素构成。能动要素有创新主体，环境要素包括资源、制度和文化方面的创新[17]。环境是为创新主体进行创新活动而服务的。环境要素中的创新资源是创新活动的物质来源，是"硬环境"；创新制度和文化是创新活动持续进行的精神和制度上的保障，是"软环境"。

魏亚平等认为创新驱动要素是创新型城市实施创新驱动战略必要的和具有驱动创新意义的要素，包括主体要素、资源要素、效应要素和环境要素[20]。吴宇军等认为创新驱动要素有产业、科技、体制机制创新驱动和"两型"示范驱动等[21]。

胡树华，牟仁艳认为创新型城市的创新能力包含四个方面：城市产业创新能力，通过产业在经济增长中的作用分析得出产业创新能力直接决定城市的增长活力；城市管理创新能力，通过政府政策和创新的体制反映城市管理方面的创新能力；城市科技创新能力，科学技术是第一生产力，创新型城市的创新发展离不开科技创新能力；城市服务创新能力，是一个城市形象的体现，影响城市对生产要素的吸引和聚集[22]。

Taylor 认为创新型城市应该具备优良的生活环境和设施水平、优秀的人才，它们之间有着制约、促进的关系[23]。优良的生活设施环境可以吸引企业进入城市，企业集聚导致城市开展大量的创新活动，促使企业的不断创新和知识的产出，推动经济的增长。另外，其他组织要鼓励和支持创新活动。

朱凌、王飞绒、陈劲认为创新型城市的要素有创新资源、创新机构、创新机制和创新环境[24]。创新资源包括经费、信息、人力、知识，是创新活动的基础；创新机构包括大学、研究机构、企业、政府等，是创新活动的主体；创新机制包括竞争、激励、监督和评价机制，是创新活动的规则；创新环境包括科研设施、信息网络等组成的硬环境和法律、政策、文化等组成的软环境，以及对外合作交流的外部环境，是创新活动的保障。

张士运、刘好认为，高水平的知识和技术，为创新提供动力的创新型人才和财力，为创新活动顺利、高效开展提供保障的硬条件和软环境是创新型城市应该具备的条件[25]。汤进认为川崎市建设创新型城市应该具备基础设施、产业体系、外部环境条件、经济基础和产业政策[26]。

根据国家科学技术部印发的《关于进一步推进创新型城市试点工作的指导意见》总结得出，创新型城市经济社会发展水平高、创新资源集聚，有率先发展和辐射带动的能力；具有较强的自主创新能力，能够有效支撑传统产业升级，引领新兴产业发展；具有较强的创新资源集成能力和综合配套能力[19]。

对现有的相关研究总结归纳，不同的学者研究视角不同，提出的创新型城市构成要素有所差异；构成要素名称不同，但它们所包含的内容有可能相互之间有交叉。万变不离其宗，本研究认为创新型城市包含的核心内容应该是一致的，只是对其有不同的分类和视角。

2.3.3 创新型城市的核心内容

创新型城市包含的内容范围很广，但是核心内容主要有以下五点，这里通过国内比较典型的创新型城市举例说明。

第一，创新型城市具有优秀的资源。创新资源主要包括人力资源和技术资源，人才是创新型城市发展最根本的能动因素，技术是创新活动最根本的手段。在技术资源方面，大连市支持、鼓励企业与具有先进技术的企业进行合作，实施跨国并购或者建立涉外研发机构，大量引进先进的技术；在人力资源方面，大连市鼓励和支持企业引进高技术人才，针对不同对象、不同的需求制定多项人才优惠政策。大连市通过引进人才和技术的政策拥有了创新资源，进入中国十大创新型城市之列。

第二，创新型城市的高新技术产业发达。高新技术产业、现代服务产业等高端化、高效率、高辐射的产业成为引领和支撑城市经济发展的主导力量，对其他产业产生强大的辐射带动作用。深圳市在建设创新型城市的进程中提出了"产业第一，企业为大"的理念。通过提高企业自主创新的能力逐渐形成一批具有国际竞争力的企业群体和以电子信息产品为主导的高新技术产业群。深圳市的高新技术产品产值已超过全市工业总产值的50%，其中自主知识产权产品的产值超过全部高新技术产品产值的50%。通过把高新技术产业作为全市第一支柱产业，深圳市创新型城市建设走在了全国前列。

第三，创新型城市的创新环境优越。创新环境的内容主要包括政策方面和文化方面。政府的政策对创新型城市的发展起到指引、推进的作用；城市的文化底蕴，市民崇尚科学，敢于创新，不怕失败的创新精神对一个城市的创新有着潜移默化的影响。大连市市政府为了最大限度地吸引创新资源，利用产业、财税等不同的政策形成政策环境合力，引导创新发展。深圳市提倡具有开放性、包容性、创新性的创新文化，成为适于创业创新的地方，成就了很多优秀企业家，带动和激励了全社会形成创新的浓厚氛围。为创新型城市的建设提供了文化的土壤。

第四，企业是创新型城市的核心主体。上面三方面的内容都与企业有着密切的关系，创新资源是通过企业来合理配置，由企业来利用的；创新环境为企业提供引导、支撑、保障作用；高技术产业更是企业核心的内容。深圳市积极培育企业作为技术创新的主体。全市90%以上的R&D人员、R&D经费来自于企业，绝大多数专利由企业来申请，工程技术研发中心、博士后工作站都设在企业。深圳市的一些大公司，如比亚迪、华为、中兴等自主创新能力强，在国际上占有一席之地。全市企业在其带动下可以增强自己的创新意识,使深圳市整体创新力提高。

第五,创新型城市对周边地区起到辐射带动作用。这是创新型城市概念里明确提到的内容。天津市的快速、高效发展能够辐射带动环渤海区域、"京津冀都市圈"的发展。

创新型城市建设是一项系统工程,国家发展改革委员会(2010)强调从宏观、系统和整体的角度进行管理布局,协调各部门的创新资源,实现经济、社会、文化、体制机制等全方面的创新工作建设[27]。

2.3.4 创新型城市发展的根本动因

生产力的变革作为历史发展的根本动力,成为历史发展阶段的基本特征。20世纪70年代以来,科技和知识的进步使社会发展形态产生了以下一系列演变。

第一,知识取代资本成为主要生产要素。早年,熊彼特的知识促进知识生产、运用直至价值实现全过程的创新概念得到重视,并逐步拓展而形成促进创新的社会网络概念。对此,弗里曼、伦德瓦尔等依据对日本、美国等国家发展经验的概括,进一步提出国家创新体系的论述。

第二,知识经济逐步发育。在科技进步推动社会创新活动的基础上,知识经济渐渐发育,第三产业尤其是现代服务业逐步成为主导产业,拉动知识经济的增长。

第三,经济发展模式发生转变。知识的主导地位引发生产要素之间的组合关系发生巨变。知识取代资本的地位,人才取代劳动的地位,无形资产取代资源的地位。在工业经济时代展现的是依托资本、资源、劳力的传统工业经济模式,而在知识经济时代,取代传统工业经济模式的是依托知识、人才、信息的知识经济模式。为了突出在知识生产与知识经济中创新所发挥的驱动作用,可以将这种模式称为依托知识、人才、信息的创新发展模式。

第四,知识社会逐步形成。作为经济基础的知识经济以及知识经济所依赖的引导创新的社会网络,决定了社会观念、组织管理等产生变化以适应知识经济,形成知识社会。

传统工业经济模式向创新发展模式的转变为人类社会的跨越发展提供了难得的历史机遇,成为城市发展形态转变、区域经济的兴起以及国家战略调整的根本原因。知识经济的出现使能够从传统发展中求创新并能够创新发展的国家(如芬兰、新加坡、韩国等),先后都实现了大步发展。2009年,芬兰、爱尔兰等国家在一些指标上超越了美国。芬兰不再只是依赖林业资源,而是具有了高程度信息化水平和创新能力的发达国家。

2.3.5 创新型城市建设的战略意义

在工业化后期,虽然工业升级改造、节能生态环保和生产性服务业等领域仍有较大投资需求,但总体看投资增长的潜力已经大幅度下降。与投资的发展趋势不同,随着中国跨入"上中等收入"国家行列,居民消费有望进入新的快速发展期。所以,企业发展的模式也将从重工业化时期的以要素投入驱动为主向以创新驱动为主转变,经济增长将更多依靠生产率提升,更多依靠居民消费增长。另外,以"互联网+"为代表的新一轮技术革命将推动新的产业链及消费需求的形成,而电子商务等新型消费模式兴起正有力地改善消费环境,提升消费意愿。

当前,山西省正处于发展转型的关键时期。在面临着政治、经济、民生和生态的"立体性困扰"的情境下,在面临着保增长、调结构、转方式、促改革、惠民生、防风险等艰巨任务的条件下,城市发展要突破资源、环境、服务等因素的制约,解决经济发展的产业结构不协调、

第2章　理论基础和研究综述

技术含量不高、生产方式粗放等问题，必须探索符合区域创新发展的新模式。

山西省建设创新型城市的战略意义主要在于发展、经济和创新3个方面。

(1) 使资源型地区适应经济全球化的发展趋势

2007年，国家发展改革委员会确定了全国共有资源型城市118座，其中典型的有60座，而山西省的大同、阳泉、晋城、朔州名列60座典型城市的前四位，其他8个地级市的发展也与煤炭资源密切相关。2013年国务院发布了《全国资源型城市可持续发展规划（2013—2020年）》，除太原外，其余10个地级市皆是资源型城市；根据资源保障能力和可持续发展能力差异，规划将资源型城市划分为成长型、成熟型、衰退型和再生型四种类型；除朔州市是成长型城市外，其余9个城市皆是成熟型城市，这些城市处于资源开发上升阶段和稳定阶段。山西省的经济发展类型是要素驱动的，然而，煤炭资源的逐步枯竭却是不争的事实，在资本积累有限的情况下，山西的各地级市选择创新驱动模式是必然的选择。

复杂多变的国际形势对城市创新发展既带来了寻求发展新资源和增强发展新动力的历史机遇，也带来了在竞争中被边缘化的严峻挑战。山西省的重工业、传统优势产业面临着世界同行强有力的挑战，尤其是资源型城市的主导产业面临着前所未有的挑战。资源型城市通过建立创新型城市，树立新的发展理念，提高资源型城市产品的市场覆盖率和综合竞争力，提高产品的技术含量和附加值，提高产品及服务的竞争力，使资源型城市能适应日益激烈的国际竞争环境。

(2) 促进资源型城市区域经济的增长

资源的不可再生性和资源耗竭规律决定了资源型城市的经济发展势必经历成长期、鼎盛期和衰退期。山西省的资源型城市使资源消耗总量大幅度提高，资源约束引发的矛盾日益凸显，经济发展面临严峻的挑战。资源型城市通过建设创新型城市，带动周边县、镇的经济发展，促进农村的城市化进程，使资源型城市的区域经济格局得到改善，成为区域物质财富、精神财富高度聚集的场所及人、财、物聚集中心和市场中心，提高资源型城市的辐射力、吸引力和综合服务能力，对区域经济与社会发展起到巨大的推动作用。

(3) 激发民众创新精神，提高区域科技创新水平

通过创新型城市建设，推进"大众创业、万众创新"工作的开展，激发民众创新精神，培育和催生经济社会发展新动力，促进全省摆脱传统的高投入、高消耗、粗放式发展方式，促进全省产业转型升级，解决山西省科技创新能力不足、科技投融资体系不健全、科技创新体制不畅等问题，在经济发展进入"新常态"的形势下，使山西省由要素驱动、投资驱动的经济发展发生根本性转变，实现创新驱动发展，进而提高区域科技创新水平，形成区域经济发展的新动力。

创新型城市建设是创新型国家建设的重要组成部分。创新型城市具有创新资源集聚的优势，山西省省级创新型城市的培育和建设能够有效支撑省内传统产业升级，引领省内战略性新兴产业发展，成为区域经济社会发展的引擎。

2.4 创新型城市评价体系的研究综述

2.4.1 国外相关指标体系回顾

在国外学者对创新型城市评价指标体系的研究中，较为典型的有创新力指数、城市创新指数、城市创新活力、创新驱动力和知识竞争力指

数等与创新型城市评价指标体系相关的研究成果。

①创新力指数。卡内基·梅隆大学区域经济发展学教授理查德·佛罗里达（Richard Florida）从专业人才、高科技、创新产出、多样化等方面提出了创新力指数（Creativity Index）[28]，涉及的指标主要有专业人才占比、高科技产出占比、人均专利数、当地同性恋家庭数等折算数据。美国、澳大利亚和英国等一些研究部门用该指数统计方式对城市经济和产业集群发展的潜力进行评估。

②欧盟创新记分牌和欧盟总体创新指数。2000年，欧洲理事会提出了欧盟创新记分牌（European Innovation Scoreboard，EIS），用于评价欧盟、美国、日本等地区或国家的创新绩效[28]。欧盟创新记分牌经过5次修订，成为欧盟总体创新指数（Summary Innovation Index，SII）。修订后的评价体系指标的涵盖范围更加广泛，不仅仅是对创新绩效的评价，还包含创新的各个方面。指标从投入和产出的角度划分，分为创新驱动、知识创造、企业创新、技术应用与知识产权五部分。其中前三部分属于创新投入：创新驱动因素主要是对人力资源和基础设施的考察；知识创造主要是对研发活动投入情况的衡量；企业创新反映企业参与创新的数量、投入和信息通信技术的投入。后两部分属于创新产出：技术应用从高新技术产生的价值、高技术人员等方面考察；知识产权从商标、外观设计及专利的人均占有量来考察。

③城市创新活力。城市创新活力是创意城市的评价体系[10]。活力是一个城市生存需要的基本能量。创造性对活力产生刺激，通过创新而持续生存下去。根据活力形式的不同可以分为四个层面，即社会、环境、经济和文化。4个层面由9个指标构成，形成评价创新活力的矩阵，涉及的内容主要有多样性、认同与个性、革新性、竞争能力、规模效应、组织能力等。Charles Landry的评价体系是多层次指标体系，可以把城市创新发展包含的内容分块评价。

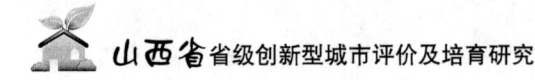

④全球知识竞争力指数（WCI）。全球知识竞争力指数是由英国咨询机构罗伯特·哈金斯协会从 2002 年开始发布的，用于评估全球主要城市的知识竞争力。知识竞争力主要从人才、知识、金融、知识支持、经济产出五个方面来评价，分为 19 个指标。

⑤硅谷指数。硅谷指数（Index of Silicon Valley）是由硅谷专设的相关机构（Joint Venture）提出的指标体系，用于对硅谷创新能力的评价[29]。其中，瞪羚企业的数量、专利水平和风险投资是最重要的指标。瞪羚企业指的是近四年年收入在 100 万美元以上，年收入增长率均超过 20%公开上市的公司。瞪羚企业的数量代表了该区域创新水平的高低，能够很好地反映硅谷的创新能力。风险投资是公司创新、创业及高增长潜力的一个重要的判断指标。专利水平代表企业知识水平的高低，用来衡量企业创新产出。

⑥创新生态体系[30]。创新生态体系是指以亚太地区为市场目标的新加坡战略咨询公司 Solidiance 用来评定城市创新能力的"标准"。该公司发布的《亚太地区最具创新力城市》报告从人才、知识创造、技术、社会、政府及全球化中的地位六个方面考察了城市的创新生态体系，用来选取可能给企业家带来成功的亚太地区的重点城市。创新生态体系认为人才是有利创新的首要因素，选取的指标有生活质量、宜居性、包容度、职业结构等。知识创造由人均大学数量、人均研发费用、高等教育入学率等构成。技术由人均手机数量、服务业发展程度等指标构成。包容失败和自由表达的文化氛围是社会指标。政府指标包括商业自由、贸易开放、投资和金融自由、廉洁程度等内容。英语普及度、具有创造力的知名企业数量、可持续发展的环境构成了全球化地位这一指标。

世界银行（2005）提出了界定创新型城市的一系列定性指标[31]，包括研究、开发与创新能力；政府治理有效，服务高效；拥有优良的交通、电信等基础设施和功能完善的城市中心区以及充足的经营、文化、媒体、体育及学术活动场所；拥有受教育程度较高的人才队伍；拥有多样化的、高质量的居住选择；切实重视环保；接纳各种文化的碰撞和融合，等等。

尽管关于创新型城市指标体系的分析角度各有不同，但学者们都强调了一个道理：创新型城市是一个有机的整体，需要从不同的角度加以综合分析和评价。

2.4.2 国内相关指标体系回顾

朱凌、陈劲、王飞绒在创新型城市构成要素的基础上建立了创新型城市体系运转模型，从创新资源投入程度、创新体系运转情况、创新产出效率三方面建立创新型城市指标体系，共23个指标[24]。创新资源的投入包括资金、金融支持、人力资源、信息化建设、知识等方面；创新体系运转状况指标包括创新组织机构的参与、政府提供的服务和城市创新体系的运行效益等方面。创新活动产出包含的主要内容有经济产出效益、知识产出成果、业态转型的结果、创新形成的国际竞争力等方面。

惠宁、谢攀、霍丽从创新资源、载体、环境、能力和创新品牌五个要素方面构建创新型城市评价体系[32]。其中，创新资源分为人力、财力资源等；创新载体是提供创新平台的组织机构；创新环境包括经济环境、政策环境、信息环境、产业环境和市场环境；创新能力主要用创新成果来衡量；创新品牌反映创新成果被市场认可的程度。选取多层次集对分析评判模型对北京、上海、天津、西安、重庆5个城市进行分析，得到三级综合评价结果。

周纳基于要素创新主体、资源、环境、机制和创新成果提出相应的创新型城市指标评价体系；指出评价方法可以选择加权平均综合指数法、聚类分析法、多元回归分析法、因子分析法等，在选择评价基准时，可以采用平均值和基期值作为参照[33]。李兵、曹方、马燕玲构建的指标体系分为创新资源、环境、载体和创新产出四方面内容[34]。用灰色关联度分析法对十座城市的创新能力做出评估和排名，进而分析其原因。

创新城市评价课题组通过对创新型城市的特点的研究，建立指标体系，指标包括创新投入、产出、效率、创新资源、企业、产业6个方面[35]。在对我国主要的创新型城市评价时采用了综合评价方法。

王秋影、吴光莲、庞瑞秋构建了包括知识创新、制度创新、技术创新、服务创新及宏观发展水平的评价体系，通过2001—2006年的数据对长春市创新建设情况进行纵向评价，分析了长春市创新能力；用聚类分析法与其他14个副省级城市相比较分析，找出差距，提出创新能力提升措施[36]。石忆邵等从相同的角度，构建了创新型城市评价体系[37]。两者相比，后者没有宏观发展水平，但是考虑了文化创新和创新环境等方面，并使用层次分析法对上海、北京和深圳3个城市进行综合评价分析。

周晶晶、沈能分析了创新型城市的内涵，从知识创新领域、创新环境领域、技术创新领域、基础设施领域和综合绩效能力5个方面构建了创新型城市指标评价体系[38]。用因子分析法对经济发展水平中等偏上的14所城市进行排名，用聚类分析法把其分为3类，分析创新程度及其原因。

创新型城市建设监测评价指标[39]。2010年4月，科学技术部制定了《创新型城市建设监测评价指标（试行）》，其中包括企业创新、创新投入、成果转化、创新环境、科技惠民、高新技术产业6个方面，下设25个具体的监测指标，对试点城市进行监测和评价，从而为创新型城市的发展提供了更加科学的依据。

吕庆华、芦红认为研究创意城市评价体系的方向主要有两种：一是

第2章 理论基础和研究综述

以创意城市的形成条件作为基础构建,二是以影响创意城市发展的因素为基础构建[40]。作者以创意城市构成要素为角度,从结构/制度资本、科技资本、人力资本、文化资本、社会包容、创意成果6个方面构建了创意城市指标评价体系,并对海西七大中心城市2005—2009年的社会经济发展面板数据进行实证研究,采取极大似然估计法(ML)对结构方程的各参数进行估计和回归,通过处理得到权重,加权汇总并对7个城市排名,分析各城市情况。

李琳等研究了创新型城市竞争力,认为竞争力是城市经过长期发展而形成的一种创新综合能力。从资源整合、网络运行、创新环境和绩效四个方面来衡量创新型城市竞争力[41]。用主成分分析法对东部沿海地区城市和中部长沙10个城市进行分析,通过比较各一级指标和综合指标,分析长沙和东部沿海城市的相对差距。

袁志红分析国际、国家、区域不同层面的创新评价体系,对13个指标体系232个具体指标进行统计,得出共性指标主要包括人才资源、科技投入、经济社会环境、创新环境、载体和成果产出6个一级指标和31个二级指标[42]。然后结合太原市的特点,通过适当的方法从创新的环境、投入、绩效3个方面构建了创新型城市评价体系,二级指标主要包括人才资源、科技投入、创新载体、创业环境、经济社会环境、经济社会发展和成果产出,用线性加权综合法计算太原市创新指数。

寇明婷等通过分析城市创新过程,认为技术创新过程可分为研发和技术转化两个子过程[43]。基于该创新过程提出了各环节的投入/产出指标(初始技术创新投入、中间技术创新产出、中间非研发创新投入、最终市场/环境效益),构建创新型城市技术投资效率的分阶段测度指标体系。用网络数据包络分析法构建相关模型,用数学规划法得出模型里的权重,再对模型进行扩展分析创新效率。

吴素春认为城市创新绩效与创新主体企业的创新绩效密切相关[44]。

在前人的基础上构建了改进的知识生产函数，把R&D模式纳入模型，专利申请量和新产品销售收入作为R&D活动的创新产出因变量，用计量方法分析了R&D模式对创新绩效的影响，采用相关分析的统计学方法对R&D模式的影响因素进行分析。结果表明内部研发对创新绩效影响最大。

2010年4月，科学技术部制定了《创新型城市建设监测评价指标（试行）》，包括创新投入、企业创新、成果转化、高新技术产业、科技惠民、创新环境6个一级指标和25个具体监测指标，对试点城市开展监测评价，从而为城市创新发展提供了更加科学的决策参考和咨询意见。

2.4.3 指标体系述评

综合国内外创新型城市评价体系的研究，研究者从不同的视角提出了指标体系。根据创新驱动要素可以从技术创新、知识创新、服务创新、制度创新等方面利用不同学科的知识构建；根据创新型城市的构成要素可以从资源、环境、创新载体等方面构建；根据创新过程可以从创新投入、创新绩效等方面构建。不管构建的角度是什么，都必须站在深刻把握创新型城市的内涵的基础上。研究者采用的评价方法多种多样，国外的研究多采用指数形式，国内主要有层次分析法、主成分和聚类分析法、多层次集对评价法、综合评价法、灰色关联度分析法、数据包络分析法等。

国内外相关研究为本书提供了参考，但是也存在很多不适应性和缺陷。对国外评价指标体系的梳理可以看出以下几点。

①在评判内容上，大部分评价指标体系侧重于国家创新能力和城市创新能力的评估，而对创新能力以外的创新环境、创新平台建设、产业创新、人居环境创新、节能减排等内容涉足较少。

第2章 理论基础和研究综述

②在评判指标上，一些指标（如"当地同性恋家庭数""政府廉洁程度"等）在我国现有阶段并不适用，且无法获取量化数据，不能用于评价我国的一些城市。例如，Charles Landry 提供了完整的评价体系，既将当今城市创新发展所涉及的领域加以合理分解，又引入多个评价层次。但其缺点也是明显的，主观指标较多，数据可得性差，评价方式较复杂，而且实力矩阵和活力矩阵中有重复的内容，如实力矩阵中的历史和归属感同活力矩阵中的文化部分，并且该矩阵在城市创新评价中的可操作性较差。

③在评判对象上，适用于发达国家以及在全球处于领先地位的城市，对发展中国家的城市并不适用，另外，如果运用于我国的创新型城市建设，评价结果很不理想，甚至没有意义。例如，创新力指数的优点在于简单明了，数据可得性好；缺点在于指标体系的预测性不强，某些指标在非西方社会的文化接受度小。

通过对国内创新型城市评价指标体系的典型指标分析可以发现，国内创新型城市的评判对象以各省区和各地级城市为主，国家层面评判总体偏少。主要存在以下几个缺点。

①评判指标缺乏科学性。国内设计的众多评价体系对创新型城市建设的构成要素与系统结构分析不够，指标体系的系统性较强，科学性不强。目前研究较多的指标体系从创新能力、创新活力、创新环境等方面构建指标体系，或者从技术创新、产业创新、企业创新等方面建立指标体系，而对文化创新、政策创新、管理创新和环境创新等内容关注不够，指标体系的设计不能更好地体现各类创新要素之间的内在联系和相互影响。

②评价指标体系适用性不统一。国内研究者设计的创新型城市评价指标体系达200多个，每个提出建设创新型城市目标的城市都有自身独特的指标体系，不能通用。

③评价指标体系缺乏可监控性。现有的评价指标体系没有用于动态监测城市创新活动的变换情况,这是由于国内尚未开发一个创新型城市综合评估与动态监测系统软件,没有这种技术手段的支撑,城市创新活动就相应缺乏了对创新活动的动态监控与动态预警效应。

创新型城市必须具备创新主体要素、创新资源要素、创新环境要素、创新能力要素和辐射带动能力要素等基本要素。创新活动主要由创新主体完成,创新主体是城市创新活动得以实现的组织机构,是创新型城市中最重要的能动要素。一般来讲,创新主体主要包括企业、高校、科研院所,它们的创新能力较强。创新资源是指开展整个创新活动所需的人力、物力和财力等资源的总称,包括政府、资金、人才等要素。一般来说,城市的创新资源越丰富,优势越突出,创新能力越强,发展后劲就越大。创新环境是创新型城市的社会支持系统,是城市维系和促进创新的基本保障,主要包括制度环境、经济环境、产业环境、信息环境和文化环境等。知识创新能力是城市整体创新能力的基础,它的作用是为其他创新能力的提高储备知识,其创新主体主要是高等院校以及独立的科学研究机构;技术创新能力是城市创新能力的核心。辐射带动能力要素是创新型城市概念对创新型城市的硬性要求。

创新主体作为重要的能动要素,通过相互合作等交互作用力可以将人力、财力、物力等创新资源聚集、整合和合理配置,优化创新环境,最终实现创新产出和创新绩效,创新产出既包括创新能力的提高,又包括对周围城市的辐射带动能力。创新主体通过能动作用可以对创新环境进行提升优化,同时创新环境又反作用于创新主体,影响创新成果的产出。创新型城市建设的最终目的就是要通过创新主体、创新资源和创新环境等要素的投入来实现创新能力的提高以及产生辐射带动效应,驱动社会经济的发展。

总之,创新型城市的构成要素不是孤立的,而是有机联系的。创新主体是重要的能动要素，创新资源保证了创新活动得以开展，是创新的物质来源，是创新活动进行的基础；创新环境为创新工作提供了良好的氛围，服务于创新能动要素，是创新工作的支撑保障；创新能力要素既包括对创新活动的投入，也包括创新活动的产出，其中创新投入是创新活动的驱动，创新产出是创新活动的成果；辐射带动能力要素是创新活动的效益。

2.5 指数法应用理论

2.5.1 指数法在经济领域的应用

指数法最早是在经济领域用于编制物价指数，衡量物价变化水平。随后，指数应用范围逐渐扩大，其编制的方法和度量的内容日益丰富，逐渐形成了一个体系。指数是一种对比的统计指标，是总体各变量在不同时空的数量对比而形成的相对数。物价指数是用来描述报告期价格、数量和基期的相对变化程度。

经济领域中常见的指数还有股票指数。具体某种股票的价格很容易被投资者了解，但多种股票的变化趋势却很难观察，于是股票指数产生了。著名的道·琼斯股票指数（即股票价格平均数）最初用简单算术平均法进行计算，计算公式为：入选股票价格平均数/入选股票的数量。1928年，将链接技术运用到股票除权除息过程中，较好地保证了股票指数的科学性。

2.5.2 指数法在其他领域的拓展应用

指数法在经济领域的运用对其他领域使用指数法提供了借鉴意义。

但是，行业背景的不同使得指数法在其他领域中的编制方法需要一定的变通。现如今，指数法发展已经成为一种较为常见的"综合评价技术"，被广泛应用于多个领域[45]。较早的研究有美国海外发展委员会提出的"生活质量指数"（the Physical Quality of Life Index，PQLI），以及联合国开发计划署提出的"人类发展指数"（Human Development Index，HDI）。在此之后，很多研究者借鉴这种方法，用来评价不同领域的内容，有教育发展指数、食品安全指数、幸福指数，也有研究国家创新力和产业竞争力的指数。本书在综合评价时采用指数法，主要用到指数的构建方法，这里主要介绍人类发展指数、中国发展指数和综合发展指数的计算方法。

（1）人类发展指数

人类发展指数是联合国开发计划署（UNDP）于1990年提出来的，把收入水平、期望寿命指标和教育指数3个指标复合成为人类发展指数，衡量人文发展水平，并在每年发布一次世界人类发展报告。UNDP编制的人类发展指数及其人类发展报告得到普遍的认可，成为评价世界各国人文发展综合水平的重要依据。指数计算过程和结果的处理见表2.1。人类发展指数相对来说采用了较为简单的计算方法，首先，确定最末级指标的阈值，包括最大值和最小值；其次，采用阈值法对变量进行标准化或同度量化，计算如式（2.1）和式（2.2）；再次，采用算术加权平均数计算分类指数；最后，根据分类指数合成人类发展指数，方法是等权相加求平均值。

$$Z_i = \frac{\max X_i - X_i}{\max X_i - \min X_i} \quad (2.1)$$

$$Z_i = \frac{\max \lg X_i - \lg X_i}{\max \lg X_i - \min \lg X_i} \quad (2.2)$$

式中，X_i代表第i个指标的原始数据值，Z_i表示第i个指标标准化

第2章 理论基础和研究综述

后的值,一般当最大值和最小值相差比较大时,采用对数函数。

表 2.1 人类发展指数指标与计算

指数	指标	max	min	计算公式
健康长寿(I_1)	预期寿命(LE)	85 岁	25 岁	$I_1=(\text{LE}-25)/(85-25)$
教育获得(I_2)	2/3 成人识字率(ALR)	100%	0%	$I_2=\dfrac{2}{3}\times\dfrac{\text{ALR}-0}{100-0}+\dfrac{1}{3}\times\dfrac{\text{CGER}-0}{100-0}$
	1/3 综合入学率(CGER)	100%	0%	
生活水平(I_3)	实际人均 GDP(GDPpc)	40000 美元	100 美元	$I_3=[\lg(\text{GDPpc})-\lg 100]/(\lg 40000-\lg 100)$
综合指数(HDI)	—	—	—	$\text{HDI}=\dfrac{1}{3}\sum\limits_{i=1}^{3}I_i$

人类发展指数的取值在 0~1 之间,值越高,人文发展水平越高;值越低,人文发展水平越低。HDI 大于 0.800 的国家和地区属于人文发展高度水平;在 0.500~0.799 之间属于中度水平;小于 0.500 属于低度水平。

(2) 中国发展指数(RCDI)

中国发展指数(RCDI)是评价和分析中国各地区发展状态的综合值[46]。它借鉴了人类发展指数的编制方法。在人类发展指数的基础上增加了 10 项指标和 1 个分类指数。计算步骤主要分为指标的无量纲化,确定权重,合成指数。在计算方法上采取指数功效函数式(2.3)进行标准化处理,指标同度量化的参照值选择不容许值 x_s 和刚容许值 x_h;采用德尔菲法确定指标的权重,在四个分类指数上给予了相等的权重;如式(2.4)所示,采用几何加权平均模型把 4 个分类指数综合为中国发展指数,并认为加权几何平均模型特点和对评价对象的要求为:各指标之间关联性强;指标之间的差异性小,不应有偏废;对权数要求较低;

反应灵敏,能够拉开被评对象的差距。

$$d = A\mathrm{e}^{(x-x^3)/(x_h-x_s)^B} \tag{2.3}$$

$$d = \prod_{i=1}^{n} d_i^{\omega i} \tag{2.4}$$

(3) 综合发展指数 (CDI)

综合发展指数 (Comprehensive Development Index, CDI) 是中国统计学会为衡量我国各区域及省 (市、区) 的综合发展情况而编制的。该指数借鉴了人类发展指数的编制。分类指数和总指数的合成采用的是算术加权评价模型。

第3章 山西省创新型城市概况

本章对山西省和全国其他省市的经济、产业发展做了横向对比,对山西省和中部六省的创新发展情况做了比较,以及对山西省的11个主要城市在经济发展、基础设施水平、生态环境、科技教育等方面的情况做出了比较分析。

本章的研究是首先通过查找年鉴、文献资料、实地调查和发放调研问卷等方法,获取相关数据。山西省城市创新政策汇总分类表(附录1)是对太原市、大同市等山西省的11个城市在创新政策的制定情况进行的罗列与汇总。城市创新情况调查表(附录2)是在各城市科技局的协助下,收集太原市、大同市等山西省的11个城市的科技、创新、经济、产业等方面的发展数据。创新、创新型城市调查问卷(附录3)是通过向山西省内11个地市的普通群众发放调研问卷,了解普通大众在创新创业方面的经历与主观感受。

在资料收集与调研基础上,对相关数据进行整理分析,对山西省各主要城市在经济、科技、文化、社会发展、创新管理等方面的发展现状进行客观、系统的描述,旨在发现山西省各主要城市的当前发展特点,为山西省省级创新型城市评价指标体系的构建等工作提供研究基础。

3.1 山西省整体发展概况

(1) 山西在全国位置

2015年，山西省地区生产总值12766.49亿元，在全国31个省（直辖市、自治区）排名第24位，地区生产总值比上年增长3.1%，排名倒数第二，见表3.1。与2014年相比，各地增速均出现回落，其中山西省回落1.8个百分点，幅度最大。2014年，山西省地区生产总值12761.49亿元，GDP增长速度为4.9%，排名最后一位。总体来看，山西省的经济发展处在全国下游水平，亟待提高。

山西产业结构相对单一，重工业的发展占主要地位，2013年比重为94.4%。其中，煤和冶金、电力等产业发展规模较大，规模以上企业主营业务收入比重达到全省的78.33%。另外，山西省过度依赖煤炭产业，严重影响了经济的健康发展。2014年前10个月，煤炭综合平均的售价为386.9元/吨，同比减少97.7元/吨；致使七大煤炭企业销售利润受到很大影响，利润同比下降62.6%，上缴税费同比下降16.9%。值得注意的是，山西省近几年一直致力于产业结构调整。山西省装备制造业发展较为突出，2013年超越焦炭、电力产业，进入前三大工业产业；2014年增长速度仍保持两位数，这是山西省以往煤焦冶电霸占工业领域的改变和突破。2015年前三季度装备制造业、医药工业增长领先，增速超过两位数；重化工业领域产品产量均有所下降，这都是山西省产业结构调整的成果。而且，2015年，山西省第一产业的增加值为783.16亿元，占GDP的6.13%；第二产业增加值5194.27亿元，占GDP的40.69%；第三产业增加值6789.06亿元，占GDP的53.19%，从三大产业增长速度来看，第三产业发展速度明显加快。

表 3.1 2015年中国31个省（直辖市、自治区）财力排名

排名	地区	2015年GDP总量（亿元）	2015年GDP增速（%）	2014年GDP增速（%）	排名	地区	2015年GDP总量（亿元）	2015年GDP增速（%）	2014年GDP增速（%）
1	广东	72812.55	8.00	7.80	17	广西	16803.12	8.10	8.50
2	江苏	70116.38	8.50	8.70	18	江西	16723.78	9.10	9.70
3	山东	63002.33	8.00	8.70	19	天津	16538.19	9.30	10.00
4	浙江	42886.49	8.00	7.60	20	重庆	15717.27	11.00	10.90
5	河南	37002.16	8.30	8.90	21	黑龙江	15083.67	5.70	5.60
6	四川	30053.1	7.90	8.50	22	吉林	14063.13	6.30	6.50
7	河北	29806.11	6.80	6.50	23	云南	13619.17	8.70	8.10
8	湖北	29550.19	8.90	9.70	24	山西	12766.49	3.10	4.90
9	湖南	28902.21	8.50	9.50	25	贵州	10502.56	10.70	10.80
10	辽宁	28669.02	3.00	5.80	26	新疆	9324.8	8.80	10.00
11	福建	25979.82	9.00	9.90	27	甘肃	6790.32	8.10	8.90
12	上海	25123.45	6.90	7.00	28	海南	3702.76	7.80	8.50
13	北京	23014.59	6.90	7.30	29	宁夏	2911.77	8.00	8.00
14	安徽	22005.63	8.70	9.20	30	青海	2417.05	8.20	9.20
15	陕西	18021.86	7.90	9.70	31	西藏	1026.39	11.00	10.80
16	内蒙古	17831.51	7.70	7.80					

注：数据来源于国家统计局——分省年度数据。

2016年12月，国家发展改革委员会和科学技术部联合下发的《建设创新型城市工作指引》指出，到2018年，全国有若干城市进入创新型城市行列，研究与试验发展（R&D）经费支出占地区生产总值（GDP）比重超过全国平均水平，形成一批高端引领的创新型企业、人才团队，若干重点产业进入全国乃至全球价值链中高端，城市创新发展的基础设施和人居环境进一步完善，基本实现创新驱动发展。

如表3.2所示，2014年R&D经费投入强度国内的平均水平为2.05%，北京的水平最高，R&D经费投入强度为5.95%，山西的R&D经费投入强度在全国居中，强度值仅约为国内平均水平的1/2，山西省的创新发展之路任重而道远。

表3.2 2014年全国各省（直辖市、自治区）R&D经费情况

地区	R&D经费(亿元)	R&D占GDP比重(%)	地区	R&D经费(亿元)	R&D占GDP比重(%)
全国	13015.6	2.05	山西	152.2	1.19
北京	1268.8	5.95	河南	400	1.14
上海	862	3.66	甘肃	76.9	1.12
天津	464.7	2.96	黑龙江	161.3	1.07
江苏	1652.8	2.54	河北	313.1	1.06
广东	1605.4	2.37	江西	153.1	0.97
浙江	907.9	2.26	吉林	130.7	0.95
山东	1304.1	2.19	宁夏	23.9	0.87
陕西	366.8	2.07	广西	111.9	0.71
安徽	393.6	1.89	内蒙古	122.1	0.69
湖北	510.9	1.87	云南	85.9	0.67
四川	449.3	1.57	青海	14.3	0.62
辽宁	435.2	1.52	贵州	55.5	0.6
福建	355	1.48	新疆	49.2	0.53
重庆	201.9	1.42	海南	16.9	0.48

第3章 山西省创新型城市概况

续表

地区	R&D 经费(亿元)	R&D 占 GDP 比重(%)	地区	R&D 经费(亿元)	R&D 占 GDP 比重(%)
湖南	367.9	1.36	西藏	2.4	0.26

注：数据来源于《2014年山西省科技经费投入统计公报》。

(2) 山西在中部六省中的位置

在中部六省中，关于 R&D 经费支出一项，湖北省最高，为510.9亿元，安徽省为393.6亿元，居第二，山西省为152.2亿元，不到湖北省的四分之一，居第六位。在 R&D 经费投入强度方面，山西省居第四位，为1.19%，与居第一位的安徽省1.89%相比较有较大差距，见表3.3。

表3.3 2014年中部六省创新情况排名表

具体指标	湖南省	湖北省	河南省	山西省	安徽省	江西省	山西省排名
R&D 经费支出(亿元)	367.9	510.9	400	152.2	393.6	153.1	6
R&D 经费投入强度(%)	1.36	1.87	1.14	1.19	1.89	0.97	4
国内专利申请受理量(项)	44194	59050	62434	15687	99160	25594	6
国内专利申请授权量(项)	26637	28290	33366	8371	48380	13831	6
技术市场成交额(亿元)	97.93	580.68	40.79	48.46	169.83	50.76	5
规模以上工业企业研究与试验发展(R&D)活动情况：							
规模以上工业企业R&D人员全时当量(人年)	77428	91456	134256	35775	95287	28803	5
规模以上工业企业R&D经费(万元)	3100446	3629506	3372310	1247027	2847303	1284642	6

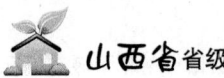

续表

具体指标	湖南省	湖北省	河南省	山西省	安徽省	江西省	山西省排名
规模以上工业企业研究与试验发展(R&D)活动情况：							
规模以上工业企业R&D项目数(项)	9393	9955	12635	2726	14648	4385	6
规模以上工业企业新产品开发及生产情况：							
规模以上工业企业开发新产品经费(万元)	3151100	3646332	2971713	1004459	3685185	1291820	6
规模以上工业企业新产品销售收入(万元)	63103689	52745891	51689500	9246772	52808808	17563827	6
规模以上工业企业专利情况：							
规模以上工业企业专利申请数(件)	17919	16839	16505	4723	40244	6825	6

注：数据来源于国家统计局——分省年度数据。

2014年山西省国内专利申请受理量15687项，不到安徽省的1/6，在中部六省中居第六位；国内专利申请授权量8371项，在中部六省中居第六位。2014年山西省的技术市场成交额48.46亿元，与居第一位的湖北省580.68亿元的差距非常大。

关于规模以上工业企业研究与试验发展（R&D）活动情况，山西省的表现也不尽如人意，在中部六省中也是基本居于最后的地位，与强者比较，差距甚大。如表3.3所示，在规模以上工业企业新产品开发及生产情况和规模以上工业企业专利情况指标上，山西省的表现也是非常微弱。

这些数据说明，山西省在研发投入和投入强度上与周边省份差距很大，产出效率也非常低，所以要实现山西经济的企稳回升，既要保证一定的资金投入，也应保证投入产出的效率。

3.2 山西省城市发展状况

山西省有 11 个地级市，分别为太原市、大同市、阳泉市、长治市、晋城市、朔州市、晋中市、运城市、忻州市、临汾市、吕梁市。下面主要从城市经济发展、基础设施水平、生态环境、科技教育等角度来分析比较山西省城市发展状况。

（1）经济发展

统计数据显示，2014 年太原市的生产总值为 2531.1 亿元，居于山西省第一名，是最后一名阳泉市（仅为 616.6 亿元）的近 4 倍；第二名是长治市，生产总值为 1331.1 亿元，远远落后于太原，相当于太原市生产总值的 53%；其余城市生产总值为 680 亿～1300 亿元，见表 3.4。生产总值增长率除大同市（7.4%）和晋中市（6.8%）以外，其余地市增长率都有明显下降，并且吕梁市生产总值出现负增长（-2%），以上说明山西省各个地市经济发展速度变得迟缓。从产业结构看，第一产业增加值占生产总值的比重，除运城市、晋中市超过 10% 以外，其余城市不超过 10%；第二、第三产业增加值的占比分别为 41.34%～62.18%、31.59%～58.47%。总的来说，三大产业的结构比重依次是第二、第三产业和第一产业，太原市和大同市的第三产业增加值超过第二产业。人均地区生产总值太原市排第一，值为 59023 元，朔州次之，排最后的是忻州市，仅为 21796 元，不到朔州市、太原市的 50%，差距也是比较大的。可见，山西省各城市经济的发展水平悬殊。

表 3.4　2014年山西省各地市经济状况

城市	生产总值 绝对值（亿元）	增长率（%）	第一产业 绝对值（亿元）	比重（%）	第二产业 绝对值（亿元）	比重（%）	第三产业 绝对值（亿元）	比重（%）	平均值 人均GDP（元）	规模以上工业企业数（家）	规模以上工业增加值比上年增长（%）	规模以上工业企业主营业务收入（亿元）
太原市	2531	3.30	38.9	1.54	1012.3	39.99	1479.9	58.47	59023	404	0.40	3375.77
大同市	1002	7.40	57.1	5.70	445.5	44.47	499.2	49.83	29607	173	10.30	2241.14
阳泉市	617	3.20	11	1.78	336.9	54.64	268.7	43.58	44382	144	4.20	792.56
长治市	1331	5.10	58.2	4.37	776.5	58.34	496.4	37.29	39196	344	5.10	1540.18
晋城市	1036	4.80	43.8	4.23	608.6	58.76	383.4	37.01	44945	244	5.00	1094.49
朔州市	1003	4.50	61.4	6.12	542.7	54.09	399.3	39.79	57368	280	4.50	1064.54
晋中市	1042	6.80	104.9	10.06	493.5	47.35	443.9	42.59	31465	529	7.20	1160.43
运城市	1202	5.00	197.2	16.41	496.7	41.34	507.7	42.25	22940	500	3.80	1616.09
忻州市	680	5.40	66.3	9.75	322.1	47.35	291.9	42.91	21796	355	6.70	624.3
临汾市	1213	4.60	94.9	7.82	659.2	54.34	459.1	37.84	27557	364	3.00	1644.86
吕梁市	1101	-2.00	68.7	6.24	684.8	62.18	347.9	31.59	28960	567	-5.60	1732.78

注：数据来源于《山西统计年鉴（2015）》。

第3章 山西省创新型城市概况

以规模以上工业企业为代表，观察11个地市的工业发展状况。太原市、晋中市、运城市和吕梁市的规模以上工业企业数在山西省内比较多，超过400家，长治市、忻州市和临汾市规模以上工业企业数超过300家，其余地市的规模以上工业企业数较少，不超过300家。年规模以上工业增长率除吕梁市（-5.60%）出现负增长以外，其余城市均有不同幅度增长，但差距较大，其中大同市（10.30%）和晋中市（7.20%）增长速度较快。规模以上工业企业的主营业务收入太原市居于首位，值为3375.8亿元，最后两名城市是阳泉市和忻州市，值分别为792.6亿元和624.3亿元，其余城市都在1000亿～2000亿元之间徘徊。

（2）基础设施

基础设施是城市发展的物质基础。只有城市具备了一定的基础设施，人们的生活才有物质的保障，城市才会有所发展和创新。交通方面，山西省主要有铁、公路和航空3种重要的交通运输方式，是华北地区重要的交通枢纽。其中在铁路方面，多条重要交通干线交汇于山西省；高速铁路正在建设当中，大西高铁中太原到西安的高铁已经通车运行；公路方面，96.3%的国道、85.5%的省道达到二级以上公路标准；高速公路布局成网，108个县（市、区）高速公路已开通运行。公路通车里程方面，忻州市、临汾市和吕梁市的公路通车里程达到1.7万千米以上，晋中市和运城市达到1.5万千米以上，大同市、长治市和朔州市达到1万千米以上，太原市、阳泉市和晋城市的公路里程为5000～9000千米。航空方面，太原市、运城市、长治市、大同市、吕梁市均设有民用机场，五台山机场、临汾机场也都投入了运营。

太原市的供水综合生产能力为217.1万米^3/日，建成区绿化覆盖面积为14773公顷，是山西省建设最好的城市，都远远超过了其他地市，见表3.5。平均每万人拥有公共汽（电）车数方面，太原市、阳泉市、晋城市、朔州市、晋中市和运城市超过了10辆,其中晋中市的公共汽(电)车数使用最为畅快,平均每万人达到42.53辆,其余城市不超过10辆。每万人拥有的绿地面积,朔州市排第一,为每万人拥有88.37公顷;太原市、晋城市、晋中市、运城市和临汾市人均拥有的绿地面积也比较广,都在50公顷以上;大同市、阳泉市和长治市人均绿地面积较少,不超过40公顷;其余为40~50公顷。道路建设方面运城市最好,每人拥有城市道路面积29平方米,朔州市、晋中市和忻州市超过20平方米,长治市建设最差,每人拥有城市道路面积仅10.42平方米,其余城市人均10~20平方米。

总体看来,11个城市基础设施水平差异比较明显。

表3.5 2014年山西省各地市基础设施水平

城市	供水综合生产能力(万米³/日)	排名	平均每万人拥有公共(电)车(辆)	排名	每万人拥有绿地面积(公顷)	排名	建成区绿化覆盖面积(公顷)	排名	每人拥有城市道路面积(平方米)	排名	公路通车里程(千米)	排名
太原市	217.1	1	12.96	5	54.02	5	14773	1	16.63	8	7348	10
大同市	59	2	6.41	10	37.05	11	4845	2	15.52	9	12541	6
阳泉市	20.48	4	13.27	4	39.02	9	2224	4	10.7	10	5648	11
长治市	28.81	3	7.21	8	38.64	10	2719	3	10.42	11	11346	7
晋城市	18	5	14.89	3	55.21	4	1805	8	18.55	5	8961	9
朔州市	18	5	10.95	6	88.37	1	2102	5	23.88	4	10163	8
晋中市	16.04	7	42.53	1	58.2	3	2010	7	27.18	2	15839	5
运城市	16	8	36.86	2	68.45	2	1778	9	29.03	1	15984	4
忻州市	6.55	10	5.41	11	48.6	8	1156	10	26.67	3	17340	2
临汾市	12.3	9	8.09	7	51.69	6	2018	6	17.97	6	18114	1
吕梁市	4.9	11	6.82	9	49.65	7	957	11	17.94	7	17153	3

注:数据来源于《山西统计年鉴(2015)》。

第3章 山西省创新型城市概况

(3) 生态环境

由于经济发展的原因，山西省生态环境对外印象以前可能是灰蒙蒙，空气里夹杂着煤灰。近年来，山西狠抓节能减排，为保护环境做出努力。近年来，山西省在治理大气污染、水土流失，开展植树造林，晋祠泉复流等多项节能改造工程中投入很多精力。全省万元地区GDP能耗下降超过3.5%，空气中细颗粒物的平均浓度下降16.9%，治理水土流失的面积达到346.8万亩，造林面积达到462万亩。从空气质量达标天数这一指标来简略对山西省11个地市的生态环境作介绍。如表3.6所示，2014年，大同市空气质量达标天数达到300天以上，阳泉市的空气质量达标天数最低仅有96天，太原市、晋城市和运城市的达标天数只有200天左右，长治市、朔州市、晋中市、忻州市、临汾市和吕梁市的空气质量达标天数分别为235天、232天、241天、225天、240天、255天。污水处理率吕梁市最低，为75.6%，大同市和临汾市分别为89.2%和82.15%，其余城市超过90%。

表3.6 2014年山西省各地市空气质量达标情况

城市	空气质量达标天数(天)
太原市	197
大同市	300
阳泉市	96
长治市	235
晋城市	208
朔州市	232
晋中市	241
运城市	209
忻州市	225
临汾市	240

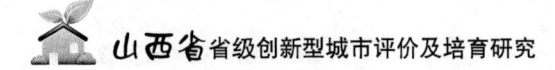

续表

城市	空气质量达标天数(天)
吕梁市	255

注：数据来源于《山西统计年鉴（2015）》。

(4) 科技教育

2014年，全省投入R&D经费152.2亿元，比上年下降1.8%；R&D经费投入强度（与地区生产总值之比）为1.19%，比上年下降0.04个百分点。如表3.7所示，在11个地市中，R&D经费超过10亿元的有太原、长治、晋城和大同4个市，共投入全省R&D经费总量的80.8%，合计123亿元。只有太原市R&D经费投入强度达到全省的平均水平。地方财政科技支出超过10亿元的只有太原市，占地方财政一般预算支出的比重为4.38%；晋城市的地方财政科技支出接近2亿元，占地方财政一般预算支出的比重为1.22%。其余城市地方财政科技支出的占比均低于1%。专利申请数太原市高达5645件，长治市申请数为1585件，但是只有太原市的28%；晋中市、晋城市、大同市、忻州市和吕梁市的专利申请数不超过1000件，其余城市专利申请数超过1000件。专利授权数占专利申请数约65%，说明申请的专利得到授权的占到一半以上。技术合同成交总额太原市达到13.8亿元，晋城市为7.62亿元，运城市为4.88亿元，长治市的技术交易额达到2.41亿元，其余城市的尚未达到1亿元。教育水平方面，太原市拥有43所普通高校，晋中市拥有16所，其余城市都只有零星的几所，说明高质量的教育都集中在太原市和晋中市。

总体说来，各地市都拥有一定的科技、教育资源。太原市的科技教育水平在山西省内是最高的，其他地市和太原的差距十分大。不管是科技水平，还是教育水平，太原市的建设由于省会城市的原因，在11个地市中遥遥领先。

表 3.7 2014 年山西省 11 个地市科技教育发展情况

城市	科技						教育	
	R&D 经费（亿元）	R&D 占 GDP 比重(%)	财政科技支出额（亿元）	占地方财政一般预算支出的比重(%)	专利申请量（项）	专利授权量（项）	普通高校数（所）	普通高校毕业生（人）
太原市	86.7	3.43	14.15	4.38	5645	3646	43	98564
大同市	10.2	1.02	1.29	0.58	760	419	1	7826
阳泉市	3.9	0.63	0.83	0.96	1078	483	2	4020
长治市	14.4	1.08	1.47	0.6	1585	739	5	8352
晋城市	11.7	1.13	1.98	1.22	824	462	1	1829
朔州市	2.7	0.26	0.97	0.68	1068	248	1	0
晋中市	5.1	0.49	1.93	0.89	953	529	16	26614
运城市	9.1	0.76	1.83	0.77	1208	867	2	10049
忻州市	1.0	0.14	0.86	0.4	604	388	2	6116
临汾市	5.5	0.45	1.39	0.49	1433	567	4	11397
吕梁市	2.0	0.18	1.58	0.6	529	257	1	0

注：资料来源于《2014 年山西省科技经费投入统计公报》《山西科技年鉴 2015》《各地市 2014 年国民经济和社会发展统计公报》。

(5) 大众创新意识

为了获悉普通大众对创新、创新型城市领域内相关问题的认识程度，了解普通大众的创新意识水平，本研究于 2015 年 1—2 月进行了一项问卷调查，在山西省 11 个主要城市的区域范围进行了问卷发放，问卷总共发放 1500 份，收回 1450 份，其中有效问卷 1290 份，见表 3.8。

表 3.8　样本分布情况

城市	样本数量(份)	城市	样本数量(份)
太原市	239	晋中市	87
阳泉市	76	长治市	76
晋城市	93	临汾市	150
运城市	196	大同市	130
忻州市	72	朔州市	44
吕梁市	127		
样本数量合计(份)			1290

在被调查者中，8.06%的人会自己动手制作些物件，以让生活更加便利、多彩，51.55%是偶尔做，40.39%是从不做类似的事情。关于是否愿意参加创造、发明类比赛的问题，统计结果表明，54.03%的人是愿意参加创造发明类的比赛的，见表3.9。没有时间、缺少相关专业知识、不感兴趣等是人们不愿意参与类似比赛的主要原因。

表 3.9　动手制作习惯与比赛参与意愿

项目	动手制作习惯			参加比赛意愿	
	经常做	偶尔做	从不做	愿意	不愿意
人数(人)	104	665	521	697	593
比例(%)	8.06	51.55	40.39	54.03	45.97

在769名曾经有过"小发明、小创造"经历的被调查者中，将自己的创造或者发明申请专利或者正在着手申请专利的人数仅占9.49%（在总样本中仅占5.66%），将自己的创造或者发明成果进行批量生产或者正在着手批量生产的人数仅占5.85%（在总样本中仅占3.49%），见表3.10。

第3章 山西省创新型城市概况

表3.10 小发明、小创造的申请专利以及批量生产情况

项目	已经申请专利	正在着手申请专利	没有申请专利	已经批量生产	正在着手批量生产	没有批量生产
人数(人)	24	49	696	15	30	724
比例(%)	3.12	6.37	90.51	1.95	3.90	94.15

对于大学生在校学习期间是否应该将一部分精力用于搞小发明、小创造，71.47%的被调查者持同意的观点，表示不同意观点的被调查者占6.12%，持中立观点的被调查者占22.40%，见表3.11。

表3.11 对大学生参与小发明、小创造活动的态度

项目	非常同意	比较同意	一般	不太同意	不同意
人数(人)	415	507	289	60	19
比例(%)	32.17	39.30	22.40	4.65	1.47

4.11%的被调查者表示非常关注本地区的科普活动和各种创新活动，19.53%是比较关注，而不太关注和不关注的人数也占不小的比例，分别是28.84%和13.10%，见表3.12。

表3.12 关注本地区的科普活动和各种创新活动情况

项目	非常关注	比较关注	一般	不太关注	不关注
人数(人)	53	252	444	372	169
比例(%)	4.11	19.53	34.42	28.84	13.10

在1290个被调查者中，其中占31.16%比例的402人表示参与过1~2次本地区的科普活动和各种创新活动，而没有参与过本地区的科普活动和各种创新活动的人数占61.09%，如表3.13所示。所参与的科普活动和各种创新活动中市级和县（区）级的60%有余。而这些科普活动和各种创新活动有近一半在各种媒体上报道过。

在被调查者中，43.64%的人曾经有过自主创新创业的想法，26.51%的人正在尝试自主创新创业，29.84%的人表示不想这事情。

若有资金支持以及有好的点子，62.33%的被调查者表示会更倾向于"自主创新创业"，而表示不同意的人数仅占9.15%，见表3.13。

表3.13 对于自主创新创业的态度

项目	非常同意	比较同意	一般	不太同意	不同意
人数(人)	297	507	368	87	31
比例(%)	23.02	39.30	28.53	6.74	2.40

在有自主创新创业的想法被调查者中，35.47%的人表示是在18岁之前产生的想法，49.39%的人表示是在19～30岁时产生的想法，两者占样本总体数量的84.86%，见表3.14。

表3.14 自主创业想法的产生时间

项目	18岁之前	19～30岁	31～40岁	41～50岁	50岁以后
人数(人)	321	447	103	31	3
比例(%)	35.47	49.39	11.38	3.43	0.33

关于对"本地区有没有相关单位为个人的创新创业提供一系列的服务或帮助"问题的回答，37.36%的人认为服务不完善，20.39%的人认为没有相关服务，不了解此事的人占36.74%，仅有5.50%的人认为服务比较到位，见表3.15。

表3.15 对"政府提供创新创业服务"的认识

项目	服务比较到位	服务不完善	没有相关服务	不了解此事
人数(人)	71	482	263	474
比例(%)	5.50	37.36	20.39	36.74

3.3 山西省创新型城市政府政策

山西省人民政府为加快创新型城市的建设出台了一系列政策措施，《国家创新驱动发展战略山西行动计划（2014—2020年）》作为山西创新驱动发展的顶层设计，《山西省低碳创新行动计划》《山西科技创新城建设总体方案》和《围绕煤炭产业清洁、安全、低碳、高效发展拟重点安排的科技攻关项目指南》作为战略引领、支撑和抓手，《关于深化科技体制改革加快创新体系建设的实施意见》作为战略保障，形成了山西创新发展战略构架。

《国家创新驱动发展战略山西行动计划（2014—2020年）》中提出了山西省创新驱动发展的一些指标数据，主要包括起点年份2012年的指标数，年均增长率以及2020年的目标值，主要数据见表3.16。山西省各地市相应出台了创新驱动发展战略地市的行动计划，提到的指标除了上述内容外，还有少数城市提到高新技术企业、高新技术产业销售额等指标。细看提出的目标，有的指标数据并不明确，尤其是科技成果转化率、科技进步对经济增长的贡献率，其目标值是到2020年达到全国平均水平，但是目前的水平和全国平均水平，所有城市并未列出明确的数据。通过查阅年鉴等资料，有关指标数据不能得出。

表3.16 山西省创新驱动发展指标数据

指标	2012年	2020年	年均增长
R&D占GDP的比重	1.09%	2.5%	10.9%
有效发明专利拥有量	4383件	10000件以上	10.9%
技术合同交易额	124.16亿元	265亿元	10%
高新技术产业增加值占GDP比重	4.7%	全国平均水平	

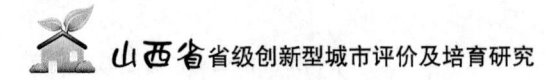

续表

指标	2012年	2020年	年均增长
科技成果转化率	—	—	全国平均水平
科技进步对经济增长的贡献率	—	60%	全国平均水平

本研究通过发放城市创新情况调查表（附录2），在各城市科技局的协助下对各方面的数据进行收集，并且结合文献资料法，形成山西省城市创新政策汇总分类表（附录1），这是对太原市、大同市等山西省的11个城市在创新政策的制定情况进行的罗列与汇总。可以看出，各地市在学校建设、企业建设、产业发展、创新环境建设等方面都有一定的政策指导与支持。

3.4 山西省创新型城市特点

①与国内其他省市相比较，山西省的GDP增速排名全国倒数，产业结构不合理，经济发展落后。但是，山西省正在努力调整产业结构，且有一定的进展。山西的R&D经费投入强度位次在全国居中，强度值仅约为国内平均水平的1/2，山西省的创新发展之路任重而道远。

②与中部其他五个省份相比较，山西省在研发投入和投入强度上差距很大，产出效率也非常低，所以要实现山西经济的企稳回升，既要保证一定的资金投入，也应保证投入产出的效率。

③山西省省内的11个城市在经济发展、基础设施、生态环境、科技教育方面都有一定的创新基础，不过各个城市的发展差距较大，建设创新型城市的基础极不平衡。

④山西省各城市把建设创新型城市作为城市发展的重大战略，并且制定了相应的政策措施。

第4章 国内外创新型城市建设的模式与经验

4.1 国外创新型城市建设的经验

4.1.1 日本川崎

(1) 日本川崎创新型城市发展模式

日本川崎市曾经号称日本工业之都,作为原材料、电机、机械的重要生产基地,近100年来一直是日本工业化的领头羊。由于经济全球化引起产业向外转移,川崎出现产业空心化趋势,经过川崎市政府、企业和市民的共同努力,川崎市成功实现了从传统工业基地向现代创新基地的变迁,经历了传统产业的衰落、新兴产业的兴起以及彼此之间的替代过程,培育和构建了创新集群,在创新型城市的创新氛围中培育符合时代潮流和世界潮流的新兴产业(知识产业、生态产业),从而实现了川崎市的可持续发展。

川崎自主创新体系由五个方面构成。第一,该市拥有日立、佳能、

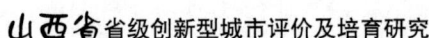

东芝、富士通、NEC、味之素等跨国企业的研究所，以及庆应义塾大学、明治大学、日本产业医学综合研究所等大学和政府研究所达201家，与其他城市相比，具有出类拔萃的知识环境。第二，沿贯通市内的南武铁路，有许多研发型高科技企业，并与各种产业交流协会共同形成了网络。第三，川崎市通过3个科技园积极支援创业，特别是神奈川科技园已发展成为日本最有影响力的科技园。第四，川崎市设立了中小企业诊断师俱乐部、川崎创业者俱乐部、川崎技师俱乐部等。且川崎数据库登记了519名专家的信息，川崎市产业振兴财团登记了220名为中小企业创业提供支援的专家，营造了创业氛围。第五，零排放工业园模式的成功为川崎市循环经济的推广奠定了基础，市政府和企业共同为城市转型和施策努力。

（2）川崎市发展创新型城市的启示

①完善的城市基础设施是川崎市建设创新型城市的基础。川崎市邻接首都东京市和横滨市，同时，川崎港作为兼具工业港和商业港功能的国际贸易港，具有便利的海运优势。川崎市经过多年的工业发展，与之配套的基础设施也十分完备。现在，全市建有4个下水处理站，年处理下水20482万立方米，垃圾总量的5.5%实现了再利用。市内的公园面积为489公顷，共有7条轻轨交通，且川崎市是个低犯罪率的城市，安全性居全国第3位。

②老工业基础的雄厚积累是川崎市建设创新型城市的经济基础。经过近100年的发展和长期积累，川崎市的一些产业部门在人力资源中显示出雄厚的实力。川崎市的工业生产总值一直位居日本各大都市的前列，2001年以后呈现上升的趋势，2005年已超过大阪市跃居日本第三位。这个结果也与近年"重厚长大"型产业重新领跑日本经济有关。

③分工细密的产业体系是川崎市建设创新型城市的产业基础。100年来工业化的进程使川崎市的产业体系日益健全和完善，成为川崎市建

设创新型城市的重要支撑。《川崎市产业关联表》的综合大分类有32个产业，这些产业又细分为综合中分类104个产业，综合小分类188个产业，共涉及517个行业部门。川崎市处于京滨工业带的核心区位，通过对重工业长期、大量的资本投入，在石油和钢铁产业等领域形成了很强的竞争力。石油、化学、钢铁三个原材料加工型产业的生产总值、固定资产投资额和附加价值额分别占全产业的65.8%、62.0%、58.2%。

④东京都市圈是川崎市建设创新型城市优越的外部环境条件。川崎市的经济发展和城市建设与融入东京都市圈及京滨工业带的分工体系有着密不可分的关系。东京都市圈由东京市、玉县、千叶县和川崎市所在的神奈川县构成，为世界最大规模的都市圈，聚集了日本60%以上的大企业。川崎市临海地区集中了许多大企业的制造工厂，在东京都市圈及京滨工业带的分工体系中扮演着重工业机械、原材料加工的角色。特别是在大田区，4778家工业企业开展多种多样的精密加工，支撑着日本最大的金属加工和机械加工产业集群的发展（《大田区政文件2007年版大田区数据》）。这样，川崎市的企业可以充分利用大田区的制造业集群有效地开展研发活动。

⑤成熟的产业政策是川崎市建设创新型城市的软实力。鼓励中小企业发展的产业政策，第二次世界大战后，川崎市政府设立信用保证协会对中小企业开展融资担保，1952年制定了《川崎市中小企业融资资金积立金条例》，1953年设立金融会馆，开展中小企业的融资援助。政府颁布的《中小企业基本法》于1962年出台。由此可见，川崎市是日本最先开展中小企业融资支援的都市。

振兴地区发展的产业政策。针对石油危机以后的经济萧条和日本政府3法对工业的规制，1979年设置了川崎市就业问题恳谈会，目的是制定使川崎市从本质上转换的产业政策，淡化污染城市的形象，营造工业和住宅混合的生活环境舒适型城市。

处理公害问题的产业政策。川崎市于1960年制定了《川崎市公害防止条例》，提出了防止公害的对策。1969年，《公害健康被害特别措施法》颁布，对公害受害者进行救济援助。

鼓励创新的产业政策。2005年颁布的《川崎市新综和计划——川崎再建新领域计划》从经济发展、城市建设、居民的福利文化等方面做出努力，最终目标为建设国际知识创造发布都市。

4.1.2 印度班加罗尔

班加罗尔软件技术园位于印度南部的卡纳塔克邦，离班加罗尔机场12千米，离市中心18千米，现有开发面积0.28平方千米。20世纪90年代初以来，班加罗尔软件技术园及时抓住全球产业转移趋势，利用本土资源优势，集中发展软件外包这一新的产业业态，现已成为全球最成功的软件外包中心。

（1）班加罗尔创新型城市发展模式

班加罗尔是印度第三大城市，印度在1947年独立以后，班加罗尔发展成重工业的中心，被誉为"印度硅谷"。

在1984年以前，印度软件业的经济资本在高度管制的制度框架以及自力更生的意识形态之下，只能满足于自给自足模型下的循环。与全球经济的隔绝使得经济资本的运作成了一个恶性循环，不但企业家的创新动机被极力压制，刺激软件出口的政策也未能达到预期的效果。在"嵌入的自主性"下，班加罗尔的软件业发展还是受到了极大的制约。

在政府的积极推动下，印度重新审视了从附加值产品向高附加值产品演进的路线，并在之后颁布的一项计算机产业政策中，明确将软件业确定为独立且可以合法获得投资补贴以及其他优惠的产业。该政策同时降低了软件和个人计算机的进口关税，并允许计算机进口换取软件出口的项目可以享受特殊的低关税，从而打开了经济资本循环流转的屏障。

第4章　国内外创新型城市建设的模式与经验

1991年的自由化改革促成了印度软件业跨越式发展。FDI障碍的破除使得经济资本的循环流转第一次接近了"自由"。软件制造商不但能从卢比贬值和不断扩大的FDI中直接获益，1992年设备和产业进口的许可制度取消也重新唤醒了企业家精神。正是在这样的大背景下，班加罗尔的软件科技园才应运而生，班加罗尔也才第一次站在了能够发挥其自主性的全球化的前沿。

在知识资本方面，印度政策首次明确承认了劳务输出，即在国外的劳动密集型、低附加值编程服务，如译码和测试等都是合法出口。虽然程序员的工资往往在合同中已经严格按照代码行数确定，其在海外的住房和花销也被压制到了最低水平，但是相对于国内的就业状况来说已经有了极大的改善。经济利益的强烈动机促使越来越多的印度人投身软件行业，也动员包括私营部门在内的社会各方力量掀起了兴办软件培训学院或者技术工程学院的热潮。比如在20世纪90年代，印度每年约有6.7万名计算机科学的专业人员从教育学院和技术学校毕业，且有约10万人注册参加私人软件技术学院的学习。

（2）班加罗尔发展创新型城市的启示

①与硅谷的深入合作与互动。班加罗尔软件技术园的成功之道得益于与美国硅谷之间的人缘、业缘和商缘联系，其中政府扮演了十分重要的角色。首先，政府非常重视与海外信息沟通和联络，园区成立之初就设立联络处，促使园区发展与硅谷发展同步；其次，政府积极推动印度软件企业与美国硅谷科技公司进行多样化合作，密切双方的联系和合作，力争把班加罗尔打造成美国硅谷的扩展区。

②合理的战略路径设计。班加罗尔软件技术园能从实际出发，发挥本地软件人才和语言的比较优势，制定适合本国本地的软件产业战略，即将软件产业发展定位在以外包和加工出口为主，并逐渐向高附加值的环节转移。目前，园区内企业正由早期的低成本软件开发向高智能信息

· 57 ·

化开发转移，价值链逐步升级，逐步进入电子商务、无线应用程序、嵌入软件和客户关系管理编写软件等价值链的高端位置。

4.1.3 德国鲁尔区

(1) 德国鲁尔区创新型城市发展模式

德国鲁尔区的形成源于煤炭资源的开采，其工业发展有近200年的历史。20世纪50年代前后有100万移民进入鲁尔区，1956年鲁尔区年产煤达1.246万吨，有近50万人在煤矿工作。鲁尔区以其GDP占联邦德国12%的份额成为德国经济实力最强劲的地区。20世纪50年代末到60年代初，鲁尔区开始出现经济衰落，起因是鲁尔煤的开采成本高过进口煤，鲁尔的煤炭逐渐被廉价的石油、天然气和进口煤所替代。到了20世纪80年代中期，鲁尔区已成了北威州经济的一个大包袱。

鲁尔区的结构转型开始于20世纪60年代初，但是直到1984年，鲁尔区进行的是"再工业化"，针对工业衰退采取的措施是保持传统的区域经济结构。克虏伯、蒂森等公司通过继续投资钢铁和煤炭、扩大规模和生产水平来提高竞争力，因为他们相信鲁尔区的未来还是在钢铁和煤炭产业。在防守的策略下，鲁尔区也进行了一系列开拓，1965年鲁尔大学建立，随后其他大学和技术中心也陆续建立起来。地方政府通过吸引内部投资使经济结构多样化，微电子、化工等产业在当时对鲁尔区来说还是陌生的。但大多数时候政府推动结构转型的尝试都被地方产业挫败了，大公司拒绝让出地方来吸引内部投资，潜在投资者不得不放弃。地方政府随之也放弃了，因为大公司仍然可以提供很多的税收。大公司和地方政府的关系非常紧密，它对地方政府的游说经常可以取得成功。创新的力量被地方自我维持的力量击败了。

尽管钢铁和煤炭大公司有再工业化的努力，但事实证明，传统工业衰退不是周期性的，而是结构性的长期趋势，如果坚持传统产业，将是

第4章 国内外创新型城市建设的模式与经验

死路一条。从20世纪80年代中期开始，鲁尔区开始"去工业化"的转型，从实际情况看，鲁尔的转型已经越过了单纯的去工业化阶段，进入了寻求新型工业增长的新型工业化阶段。工业在鲁尔区的转型中仍然占有重要地位。放弃了传统能源，鲁尔区寻求清洁能源，鲁尔区在能源供给、能源转换和能源技术方面在欧洲范围内处于领先地位。2009年，鲁尔区与能源相关的企业有294家，员工51900名，共取得了466亿欧元的年营业额。价值创造链涵盖了能源获得、设备制造、发电、生产热量、动力燃料和可再生能源。在化工领域，鲁尔区所在的北威州占有德国化学行业三分之一的营业额，是德国最大的化工区。鲁尔的化工产品多种多样，鲁尔区最大的化学基地马尔市（Marl）的化学工业园几乎涵盖了整个价值创造链：从基本材料的生产到高度专业化的研究和开发。即使是小一些的地方，例如，黑尔滕（Helten）的氢能力中心也有面积广大的楼房和氢基础设施，创新能力非常强大。此外，鲁尔区在处理老工业区的环境污染中逐渐形成了环境企业的集群，并形成了产业优势。约10万人在这个分支工作，就业数量还在不断增加。目前，鲁尔区已发展成为德国的环保技术研究中心。新型工业更多地依靠知识，而不是资源。新型工业的发展延伸出更多的服务业、研发产业，大量技术人才的引进、新技术中心落户老工业区等措施为文化鲁尔的崛起创造了条件。

（2）鲁尔区创新转型发展的启示

①抓住新技术革命机遇，加强产学研结合。鲁尔区拥有多所高等院校、科研机构和研究中心，有古老的波恩大学、科隆大学及著名的亚深工业大学、杜塞尔多夫医科大学等，且在科隆与波恩、亚深的三角地区集中了数万名大学生，科研基础十分雄厚。20世纪60年代又新办规模宏大的波鸿鲁尔大学、多特蒙德大学、杜伊斯堡内河航运学院等。利用科技优势，鲁尔区采取以下措施。

· 59 ·

首先，改革创新，加强科学界与经济界的合作，从多特蒙德经过波鸿、埃森、哈根直到杜伊斯堡建立一条横贯全区的"技术之路"，把区内的经济中心和研究中心联系起来，加快科研成果的应用，并建立"鲁尔区风险资本基金会"和新技术服务公司，为新技术企业提供资金和咨询。其次，改革传统教育，创立新兴学科，并把高等院校的教育与本地区经济发展相结合。鲁尔区认为不可能也没有必要单纯发展高新技术工业，在发展新技术产业的同时，更应加快新技术对传统工业的改造，如建立科学技术革新的信息中心，政府帮助企业拟订技术革新计划，结合中小企业具有灵活应用新技术的特点，优先向中小企业转让技术等，大大加快将科研成果转化为生产力的步伐，提升了区域产业结构的层次。

②完善配套设施和保障政策。为推动鲁尔区的经济结构变革和保持社会稳定，联邦和州对煤矿地区实施了一项为期三年的特殊政策：一是通过德国联邦协调银行提供9亿马克的低息贷款；二是每创造一个就业岗位就奖励企业5万马克；三是工人的转岗培训费用100%由政府资助。对50岁以上的人，让他们在原有的工作岗位继续工作，发挥其技术和经验。对30岁以下的年轻人进行培训，发挥其在经济结构转变中的潜力，这些措施的实施极大地降低了结构变革中出现社会不稳定的风险。

③收缩、改造传统行业，吸引外来企业。鲁尔区劳动力充裕、交通便利、科研力量强，又有巨大的消费市场，具备发展新兴工业的有利条件。1985—1988年新建企业数量增加41%，大大超过同期全国的平均水平。这类企业多是技术含量高的中小企业，产品种类繁多，有汽车、炼油、化工、电子以及服装、食品等。除了引进新企业，鲁尔区同时对煤炭、钢铁等传统支柱产业进行了技术更新，通过产品、技术结构的调整，拥有了一系列产量高、具有竞争力的拳头产品。此外，第三产业也蓬勃兴起，在服务行业的就业率由1964年只占总就业人口的38%提高

到 1995 年的 61%。与之相反,煤钢企业的就业率占总就业人口由 20 世纪 70 年代 50%以上下降到今天的 10%以下。

4.1.4 国外创新型城市建设情况

通过总结川崎市、班加罗尔、鲁尔区的发展情况,分析国外创新型城市创新要素的情况,梳理结果见表4.1。

表 4.1 国外创新型城市建设情况

指标	川崎市	班加罗尔	鲁尔区
创新主体	新建了 3 个高科技科技园区;多所高水平大学,如庆应义塾大学、明治大学等;日立、东芝等大型高科技企业都在川崎市设立了企业研发中心	拥有印度理工学院、印度管理学院、国家高级研究学院和印度信息技术学院等 10 所综合性大学、77 所工程学院和世界知名的印度科学院	拥有多所高等院校,多所科研机构和研究中心,有古老的波恩大学、科隆大学及著名的亚深工业大学、杜塞尔多夫医科大学等,科研基础十分雄厚
创新资源	积极吸引高水平的高端人才,登记了数百名专家的信息;提供数百名专家为中小企业提供支持	每年有数万计算机专业人员从教育学院和技术学校毕业,且有约 10 万人注册参加私人软件技术学院的学习	建立了"鲁尔区风险资本基金会",为新技术企业提供资金
创新制度	①鼓励中小企业发展 ②解决污染问题 ③鼓励民众创新	①大力发展科研和教育 ②进行广泛的国际交流合作 ③建设完善的风险投资体系	①加强产学研结合 ②完善保障政策 ③收缩改造传统行业,吸引外来企业

4.2 国内创新型城市建设的模式

4.2.1 深圳模式：高科技"智"造的自主创新模式

深圳市作为中国改革开放的最前沿，创造了中国改革开放史上诸多的第一，以及向全国推广的成功经验。为了突破土地、资源、环境、人口"四个难以为继"的硬约束，深圳市认准建设区域科技创新体系是转变发展模式的唯一选择，于2006年年初发布了《关于实施自主创新战略 建设国家创新型城市的决定》，提出选择自主创新作为未来城市发展的主导战略，塑造自主创新的城市之魂，建设国家创新型城市。2014年，深圳全市生产总值以同比增长近9%的速度突破1.6万亿元，五年翻了一番。以技术创新为要素的创新型经济正在发挥"主引擎"作用：生物、互联网、新能源、新材料、文化创意和新一代信息技术6大战略性新兴产业增加值年均增长20%以上，为同期GDP增速的2倍，增加值占GDP比重达35%。先进制造业增加值达到4824亿元，占规模以上工业企业增加值的比重超过74.2%。

(1) 创新型城市发展战略

①产业发展战略。在三次产业发展方面，深圳市目前是"三、二、一"的产业格局，深圳市第一产业所占比重极小，第二和第三产业均发展较好，但是从2008年开始，第三产业超过第二产业，近年来与第二产业逐渐拉开距离。

2013年，深圳市第一产业、第二产业、第三产业的增加值分别是5.25亿元、6296.84亿元、8196.14亿元，相比2012年而言，第一产业增加值下降19.18%，第二产业增长9.0%，第三产业增长11.7%。总体来看，2013年，在全市生产总值的份额上，第一产业占比不到0.1%，第二产业和第三产业分别高达43.4%和56.6%。

在主导产业方面，深圳市的支柱产业主要为高新技术产业、金融业、物流业和文化产业。在四大支柱产业中，高新技术产业增加值为4652.00亿元，金融业增加值为2008.16亿元，文化产业增加值为1085.94亿元，物流业增加值为1445.62亿元，分别比上年提高12.4%、15.0%、14.5%和11.4%。深圳市的支柱产业体现出现代产业体系构成轻型化的特点。

从经济发展的动力上看，现代产业是推动深圳经济发展的主导力量。2013年，高技术制造业增加值为3370.67亿元，深圳现代服务业增加值为5492.37亿元，先进制造业增加值为4162.87亿元，与2012年比较，增速分别为12.3%、12.6%和12.2%。

②科技发展战略。深圳市发展的主要目标是完善科技创新生态体系，大幅提升科技创新质量，自主创新能力居全国前列，打造华南地区重大科技基础设施高地和东南亚地区科技创新中心，成为国际知名的区域科技创新中心，为深圳未来三十年发展奠定坚实基础。

深圳市以企业为中心，重点提升本土企业尤其是民营企业的研发能力，创新模式建设以虚拟大学园为代表的产学研合作基地，更加注重应用研究和试验发展投入，高新技术成果与知识的产业转化能力较强，强调在未来确保技术创新的效率和效益的同时，要更加注重科技创新的基础能力建设。

③经济与科技相结合情况。定义"高新技术产业贡献率＝高新技术产业总产值/工业总产值"，可以突出反映"科技产出"占"经济总值"的份额；定义"高新技术产业自主知识产权拥有率＝具有自主知识产权的高新技术产业总产值/高新技术产业总产值"，能够突出反映科技的转化产出效率。

深圳市的高新技术产业贡献率由2000年的34.65%提高到2008年的53.49%，再到2014年的65%，可以看出深圳市高新技术产业总产值对于工业总产值快速增长的贡献很大。

深圳市的高新技术产业自主知识产权拥有率由2001年的53.67%增加到2010年的60.10%，再到2014年的71%，可以看出深圳市科技的转化产出效率一直很高。

(2) 建设经验

①坚持体制机制创新。深圳市在转变政府职能、促进政府管理体制创新方面做出了表率，为企业提供鼎力支持和优质服务，管好政府该管的事，对不该管的事进一步放手，减少行政手段对企业和科研机构的不必要干扰。深圳市在政府转型上的主要做法就是重点做好对企业和居民这两个主体的服务。一是做好对企业的服务。政府的角色不仅仅是制定产业规划、促进产业发展，而是直指经济发展的微观载体，强调做好企业的服务，使企业真正成为市场的主体、创新的载体。二是做好对市民的服务。一个重要标志是建立了市民中心，将市政府各职能单位从行政中心迁至市民中心，实行审批事项集中受理和"一站式"服务。深圳市政府也借此实现了从行政管理理念到服务理念的思维转换，向建立服务型政府迈出一大步。

②强化企业创新主体地位。深圳市坚持创新资源向企业集聚，使得自主创新有了强有力的技术和资金支持，形成了浓厚的创新创业氛围。2014年，中兴、华为两家企业的PCT国际专利申请量超过5600项，比排名全球第7位的英国还要多。2014年，华为研发投入达408亿元人民币（66亿美元），占年销售收入的14.2%，远超过当年的净利润279亿元人民币，高于苹果公司2014财年60亿美元的研发支出，甚至高出不少城市全年的研发投入。深圳市重点建设了以企业为主体的产学研结合体系，着力打造为服务企业创新活动的技术平台。深圳市自1996年就

第4章 国内外创新型城市建设的模式与经验

与清华大学创办中国第一家新型科研机构——深圳清华大学研究院，此后，中国科学院深圳先进技术研究院、华大基因研究院、光启高等理工研究院等新型研究机构等大放光彩，"科研+教育+产业+资本"四位一体，引领科技资源的聚集，在技术成果、学科建设、产业化、教育、资本方面都取得了不俗的成绩，展现出良性循环发展的态势。深圳的技术创新体系以企业为主体、以市场为导向，产学研紧密结合，企业作为解决技术问题的主力军，依靠企业技术人员解决问题，技术的来源在企业，产业化也在企业，以企业为依托是深圳市创新体系建设的基石。

③以南山区为基地，发展高新技术产业。深圳市委市政府按照建设国家创新型城市的总体部署和要求，南山区委区政府结合自身实际，以建立核心技术自主创新先行区为发展定位，建设区域科技创新体系、协同创新体系、科技投融资体系、科技创新服务体系，摸索出一条以制度创新引领科技创新的发展战略，形成完整、无缝对接的"综合创新生态体系"。在深圳版图，南山区面积只占1/4，却聚集70%以上的高端科技创新资源，呈现蔚为大观的盛景，成为深圳建设创新型城市的主力军。南山区现有国家级高新技术企业1030家，占全市的39%，高新技术产业成为南山区经济第一增长点。南山区上市公司103家，占深圳市上市企业总数的36%，其中80%以上为创新型企业，成为全国上市企业总量最多的城区。南山区积聚了80%以上的创新人才，拥有国家级、省级、市级创新载体359家，科技创新孵化器数量达34个、在孵企业2000家；拥有博士7000余名、海归人员2万余名，10余万名高科技人才。南山全社会研发投入占GDP的比重达5.49%，科技进步贡献率超过70%，提前达到2020年我国建设创新型国家指标。每万人发明专利拥有量181项，达到国际创新型城市先进水平。

④着力构建自主创新投融资体系。深圳市注重把科技创新与金融创新有机结合起来，以金融创新支撑保障科技创新活动，以科技创新促

进金融产业创新发展。大力发展多层次资本市场，积极促成深圳证券交易所创业板的推出，为创新型中小企业提供资本市场服务平台。发展多元化的创业投资业，鼓励银行、证券、保险等金融机构加强对创新型企业的金融服务支持，涌现了深圳创投、力合创投等知名创投企业。成立国内首家创业投资基金"南海成长股权投资基金"、首家集合信托创业投资基金"南海创业1号"，实施"创新型企业成长路线图计划"等。

⑤重视人才集聚。在推进自主创新的进程中，深圳市的决策者深深体会到，在各类创新资源中，高层次创新人才是最稀缺的资源。深圳市不断营造宜居的环境，完善创新载体的建设和服务平台，增强对高层次人才的吸引力。一是注重人才梯队建设。深圳市的人才规划明确提出要积聚一批国家级领军人才、地方级领军人才和后备级人才，形成高层次专业人才梯队。并首次把高技能人才纳入高层次专业人才范围。二是建立引才留才机制。规定用人单位引进高级人才的住房货币补贴、安家费、科研启动经费等费用，可依法列入成本核算，放宽创新型人才的入户政策。三是建立人才工作协调机制。为了配合高层次人才引进和培养，深圳市出台了一系列配套政策来保障引入人才的生活与工作，提供绿色通道、便捷服务。

4.2.2 武汉模式：知识引领的光谷创新模式

2002年，国家科学技术部将武汉列为全国首家科技企业孵化器建设试点城市；2007年武汉城市圈获批全国"两型社会"建设综合配套改革试验区，武汉成为全国科技保险试点的首批城市；2009年武汉市获批综合性国家高技术产业基地，标志着武汉市高新产业综合创新能力迈入了国家第一梯队；2009年武汉东湖高新区获批国家自主创新示范区，是继中关村后全国第二个先行先试示范区；2010年，武汉获批国家创新型试点城市。

第4章 国内外创新型城市建设的模式与经验

(1) 创新型城市发展战略

①产业发展战略。在三大产业发展方面，武汉市第一产业在生产总值中占比较小，第二、第三产业占比较大。由于武汉市大力推进"工业倍增"计划，第二产业发展速度远超第三产业，在2012年，打破了多年来形成的"三、二、一"格局，形成"二、三、一"的产业格局。

2013年，武汉第一产业、第二产业、第三产业的增加值分别是335.4亿元、4396.17亿元、4319.70亿元，在增长速度方面，相比2012年而言，第一产业增加值增长11.35%，第二产业增长13.61%，第三产业增长12.40%。从总体来看，2013年，在全市生产总值的份额上，第一产业占生产总值的3.71%，第二产业占48.57%，第三产业占47.72%。

在主导产业方面，实施"工业倍增"计划以来，武汉市形成了钢铁、汽车、电子信息制造、装备制造、能源环保、食品烟草六大支柱产业。截至2014年三季度，在六大支柱产业中，电子信息制造、汽车和食品烟草三大产业产值同比保持两位数增长，分别为31.3%、13.8%、10.7%；装备制造、能源及环保产业增幅分别为5.6%、1.2%，而钢铁及深加工产业增幅为-3.6%。汽车、电子信息制造和装备制造实现产值1661.65亿元、1165.80亿元和1000.18亿元，食品烟草、能源及环保、钢铁及深加工产业产值分别为997.51亿元、743.85亿元、681.81亿元。

②科技发展战略。在科技发展目标方面，武汉市科技发展的总体目标是：到2015年，建成在全国具有领先优势的科技创新体系；自主创新能力显著增强，科技综合实力和竞争力全面提升，科技对经济社会发展的支撑和引领作用进一步彰显，成为全国重要的科技创新中心；成为具有国际竞争优势的综合性高技术产业基地，成为全国重要的创新创业的摇篮、科技人才的高地；构建并完善建设国家创新型试点城市的基本框架，使武汉走在国家创新型试点城市建设的前列。

③经济与科技相结合情况。高新技术产业贡献率较高,近年来增速也很快,从2008年的27.74%增加到2014年的57.36%,见表4.2。

表4.2　武汉高新技术产业贡献率

年份	工业总产值(亿元)	高新产业产值(亿元)	贡献率(%)
2008	6251.79	1734.1131	27.74
2009	6317.94	2054.9913	32.53
2010	7004.96	2638.0353	37.66
2011	8461.21	3448.9139	40.76
2012	10195.88	4556.0041	44.68
2013	11654.64	5604.4728	48.09
2014	11764.59	6747.7900	57.36

(2) 建设经验

①建立自主创新体系,实施自主创新工程。通过完善和优化科技创新体系,在若干优势领域内聚焦有限目标,进一步夯实自主创新基础,持续增强自主创新能力。围绕创新型城市、自主创新示范区的需要,突出技术和成果的原创性、前瞻性、战略性,在信息技术、生物技术和新材料等优势、战略性领域,开展原创技术攻关课题。结合战略性新兴产业的发展需求,每年改造和新建一批一流水平的自主创新研发机构、引进若干家国际科研机构,基本形成国际一流、部分世界领先的自主创新研发机构体系。

②全力支持配合东湖国家自主创新示范区建设。把东湖国家自主创新示范区建设与国家创新型城市建设、"两型社会"建设有机结合,发挥示范区的示范作用,提升示范区的辐射、带动功能。抓好东湖的优势产业、特色产业的发展,支持东湖高新区加快发展光电子信息、生物、新能源、消费类电子和环境保护五大产业,支持抓好光谷生物城、光谷金融港、新能源环保产业园等新兴产业基地建设,武汉市重大高新技术

第4章 国内外创新型城市建设的模式与经验

产业项目相对集中布局到东湖高新区，高新技术产业计划及资金向东湖高新区倾斜。

东湖高新区发展的经验有以下几个方面。

一是在体制创新和政策激励下，促进了大批科技成果转化和产业化，科教资源优势逐渐转化为产业竞争优势；体制创新是推进自主科技创新、发展特色高新技术产业的保障。高新区不断推进体制创新，率先建设了3000平方米的高新区联合办公中心，搭建了公共服务平台，实现了开放式、电子化、"一条龙"服务，由以"行政管理"为主向以"公共服务"为主转变，变"多次受理"为"集中办结"，实现了企业进入高新区的"零收费"。完善了联合办公中心的各项服务制度，提高了服务水平和质量。加快了信息化建设步伐，实现了企业办理组织机构代码证远程联网，一般纳税人基本实现网上申报纳税，推进了网上审批。

二是推进科技与金融结合，解决了企业融资难的问题。东湖高新区对以科技成果等无形资产出资入股企业的，其最高比例可达注册资本的70%，设立5000万元风险投资补贴资金，支持风险投资企业，积极引导民间资本进入风险投资领域；建立高新区中小企业信用担保机构，每年拨款1000万元，用于引导东湖高新区信用担保机构补充资本金，鼓励区内的重点企业建立创业投资公司。补贴支持在高新区支持科技创业的商业性投资担保公司。对当年高新区内新办科技企业担保额在500万元以下的，补贴担保额的2%；在500万元以上的，补贴2.5%。支持武汉光谷联合产权交易所积极开展股权融资等创新业务。

三是逐步建立了一套高效运转的，服务于企业和产业的公共服务机构和服务体系。武汉东湖高新区通过建立一系列服务于创新的公共服务平台促使高新区更好更快地发展。东湖高新区建立了多个孵化平台及中介平台，为园区内企业的发展提供良好的创业生态环境。

③重视科技成果转化工作。实施科技供需对接专项、成果推广应用专项。实施科技供需对接专项，支持"首台""首套"项目的开发和产品的市场化。专项的项目计划由企业提出，围绕高新技术企业的关键、共性技术需求，面向社会进行公开招标；政府订购科研成果，并直接移交给相关企业进行转化和产业化，以此促进科技实现有效需求、有效供给及其有效对接。加大科技成果转化重大贡献奖的奖励力度，扩大奖励覆盖面，探索科技计划与科技奖励的有效结合方式，研究尝试对科技成果转化上取得实效的高等院校、科研院所、高新技术企业实施后补贴政策。

④实施人才强市战略。武汉市围绕提高自主创新能力，加大高层次创新型科技人才引进和培养力度，近年来，武汉市利用各种资源实施人才强市战略，通过组织实施"黄鹤英才计划"，积极发展企业博士后科研工作站，支持企业建立高水准的研发机构和公共技术平台，加强留学人员创业园区建设，依托重点企业、重大工程项目和重大技术攻关课题，聚集和培养高层次创新型科技领军人才，加快构筑人才高地。

⑤启动创新型城区建设工程。积极探索创新型城区建设的新途径，先期选取2~3个特色城区作为试点，积极探索并建立有利于区域创新体系建设的突破性政策和灵活机制，按照中心城区突出高技术现代服务业特色、远城区突出现代农业特色的架构深化试点，在试点的基础上总结经验，并在全市推广，努力实现"创新驱动、一区一特"的创新格局。

4.2.3 苏州模式：高端制造的国际创新模式

早在1985年，苏州就被国家批准为对外开放城市，享受国家优惠政策，但当时盛行的是以乡镇企业为特征、主要满足国内市场需要的"苏南模式"。20世纪80年代后期，由于受到外资企业进入的冲击以及本身存在问题的影响，乡镇企业竞争力急剧下降，苏州开始调整发展战略，从内向发展转为对外开放。1990年前后，苏州利用其与上海毗邻的区位优势，主动融入上海，实现了外向型经济和错位发展战略。20世纪90年代末，随着跨国公司全球战略的推行，苏州再次抓住国际产业资本加速向长三角地区转移的机遇，积极发展出口加工业，从而迅速推动苏州模式走向成熟。苏州对原有模式的改造取得了巨大成功，但也出现了过分依赖外资的现象，出现了人均收入不高、本土民营企业遭到挤压和被边缘化等现象。2003年，苏州地区的区域发展模式出现了转折，苏州市政府提出了建设创新型科技城市的意见，并具体布置了包括关键技术创新和产业化工程、绿色农业工程、科技园建设工程、软件产业园建设工程等10项长远建设工程，在这一目标道路上，又不断完善相关政策，转变发展模式。这一时期的集群政策重点是大力支持生产性服务业的发展，苏州地区全面启动了以发展生产性服务业促进集群升级的措施。

（1）创新型城市发展战略

①产业发展战略。在产业结构方面，苏州市不断优化调整，第一产业在生产总值中所占比重较小，第二产业所占比重在波动中有所增长，居主导地位，第三产业比重不断上升，目前苏州市是"二、三、一"的产业格局。

2013年，苏州市第一产业、第二产业、第三产业的增加值分别是214.49亿元、6849.59亿元、5951.62亿元，在增长速度方面，相比2012年而言，第一产业增加值增长9.95%，第二产业增长5.34%，第三产业增长11.99%。从总体来看，2013年，第一产业占全市生产总值的1.65%，第二产业占52.63%，第三产业占45.73%。

在主导产业方面，苏州的六大支柱产业为电子、钢铁、电气、化工、纺织、通用设备制造，六大支柱产业2014年实现产值20358亿元，比上年下降0.4%。其中汽车制造业、电气机械及器材制造业、化学原料及制品制造业产值分别比上年增长14.1%、7.1%和10.3%。电子、钢铁行业产值分别比上年下降4.4%和2.1%。战略性新兴产业稳定发展。制造业新兴产业涉及31个行业大类、292个行业小类，覆盖工业行业大类的88.6%。其中，新材料、高端装备制造业、新型平板显示行业产值分别达4028亿元、3126亿元和2722亿元；生物技术和新医药、新能源、高端装备制造及集成电路产业产值增长高于新兴产业产值平均增速，分别比上年增长16.7%、12.8%、7.9%和10.1%。

②科技发展战略。苏州市在未来几年的科技发展战略是围绕经济社会发展转型升级一条主线，把提高企业自主创新能力和区域科技创新能力作为中心环节，大力推进经济社会发展转型升级，建设创新型城市。突出战略性新兴产业培育和科技惠及民生两个重点。将培育战略性新兴产业作为科技支撑转型升级的主要抓手，加快重点领域规划布局，组织实施一批重大项目，力争突破关键技术，开发创新产品，培育产业集群；围绕城乡可持续发展和民生重大现实需求，组织实施重大科技示范工程，提高城乡现代科学技术应用水平，加快推进国家可持续发展实验区建设。

（2）建设经验

①注重在开放中推进创新。苏州市主动顺应经济全球化的趋势，始终秉持开放理念，在更大范围积极利用国际国内创新资源，一方面推动国内科研院所、高校与当地企业开展产学研合作，鼓励国内科研院所、高等院校在苏州建立研发机构，重点保障并优先安排其建设用地，其中科技创新载体项目用地实行工业项目用地供地方式。苏州市政府已与中国科学院、北京大学、清华大学等100多家科研院所和高校签订了全面合作协议，促成了上万项产学研合作。一方面吸引跨国公司到苏州设立研发机构，另一方面支持和鼓励在苏州的国（境）外研发机构与国内

第4章 国内外创新型城市建设的模式与经验

高校、科研院所、本地企业进行产学研合作,以合作方式共同承担省、市科技计划项目和自主创新项目,力求创新绩效的最大化。

②积极扶持企业在战略性新兴产业领域加快发展,培育新的经济增长点。为推动战略性新兴产业集约集聚发展,统筹考虑产业基础和地区布局,开展战略性新兴产业基地认定工作。苏州高新区的太阳能光伏基地、苏州高新区的新型平板显示基地、常熟的汽车及零部件、张家港的锂电池新能源、昆山的软件和信息服务、太仓的节能环保、吴江区的高端装备制造、高新区的生物技术和新医药等,苏州正在打造的战略性新兴产业基地达29个,已有相当规模,将成为今后苏州优化结构、升级产业的骨干支柱。苏州市把人才引进作为培育和发展战略性新兴产业的突破口,人才等创新要素进入便能迅速催化,形成一批拥有自主知识产权和自主品牌的高端产品。通过产业领军人才的大量集聚,推动新兴产业加快集聚,带动产业结构优化调整,已成为苏州创新驱动转型发展的重要路径。

③注重建设科技基础设施。苏州市形成了覆盖全市的国家、省、市三级科技创新平台体系,涌现了一批国内外著名的科技公共服务平台。如苏州工业园区的风云在线软件服务化平台、吴中区的电科院超高压电器检测服务平台、国家实验灵长类种子中心西山分中心等。苏州市积极引导企业建立研发机构,鼓励企业建立相关的科技载体,对规模较大、销售收入10亿元以上,技术力量较强且有独立的科研大楼的企业,支持其建设省级或市级工业技术研究院;在省、市自主创新试点企业中推进培育省级工程技术研究中心;在科技型中小企业中,根据产业不同,鼓励建立不同专业的市级工程技术研究中心。

④注重全面保护知识产权。苏州市深入实施知识产权战略,加大对创新成果知识产权化的扶持力度,依法打击各种侵犯知识产权的行为,全力营造尊重和保护知识产权的良好环境。在全国地级市中率先设立独

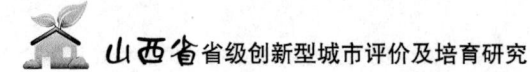

立的知识产权局，将知识产权工作网络向乡镇延伸，更好地引导和服务企业，有力促进了知识产权创造活动的开展。鼓励企事业单位制定或参与制定国际标准，支持国外先进标准向国内标准的转化；引导产学研联合研制技术标准，促使标准与科研、开发、设计、制造相结合。

⑤鼓励科技服务业的发展。苏州高新区着力打造知识产权服务业集聚区，在科技城智慧谷规划200亩土地，用于发展知识产权高端服务、知识产权成果孵化应用、高层次人才培养。2012年获批全国首家国家知识产权服务业集聚发展试验区。2014年3月，国家知识产权局第一个分中心"江苏中心"一期6万平方米办公区正式落成。江苏中心已经基本形成专利代理、法律咨询、项目申报、运营交易、培训等内容的专业知识产权服务链。2015年4月，在国家科学技术部公布的首批25家科技服务业区域试点名单中，苏州国家高新技术产业开发区榜上有名，是江苏省内唯一上榜地区。随着高新技术产业的兴起和发展，苏州高新区科技服务机构正逐步集聚，已呈现出四个大类的服务机构形式，较好地服务科技创新。一是创业孵化与成果转化服务机构类，已有23个，其中省级以上创业园、孵化器、大学科技园、产业园、特色产业基地、技术转移机构20个；二是知识产权服务及相关咨询机构类，有53个；三是科学研究与技术开发机构类，其中科研院所11个，省级以上研发机构103个，重点实验室11个（省级2个）、省公共服务平台7个、省院士工作站4个和博士后工作站27家；四是科技金融及技术投融资类机构近100家。此外，还有科技咨询、检验检测认证、科学技术普及、综合科技服务等30家机构。

4.2.4 国内创新型城市建设情况

对深圳、武汉和苏州三座城市的发展历程及发展现状进行分析、梳理，结果见表4.3。

第4章 国内外创新型城市建设的模式与经验

表 4.3 国内创新型城市建设情况

城市	深圳	武汉	苏州
创新主体	以企业为中心,重点提升本土企业,尤其是民营企业的研发能力,提升城市的创新能力	通过提升发展高校和科研院所,发挥知识资本和人力资本在科技创新中的优势作用	积极招商引资,吸引外资的投入,不断提高外企的质量,同时增加高新科技企业的比重
创新资源	人力资源方面,深圳市本土培养人才能力有限,以引进为主;创新资金的投入方面,2013年深圳市 R&D 经费总支出 584.61 亿元,占深圳市 GDP 的 4%	人力资源方面,武汉是科技教育中心,知识资源、人力资源禀赋优越;创新资金投入方面,武汉 2013 年 R&D 支出 255 亿元,占 2013 年武汉国民生产总值的 2.82%	人力资源方面,苏州市本土培养人才能力有限,以引进为主;资金投入方面,财政性科技投入 77.8 亿元,研究与试验发展经费支出占 GDP 比重达到 2.6%
创新制度	加强对知识产权的保护,对政府相关部门的服务进行规范,减少政府的干预	加强人才建设,促进高校科研机构成果的转化,并且积极探索改革创新资金的配置方式	进一步加大简政放权力度,完善创新创业政策体系,加大政策落实力度,降低创新创业成本
创新文化	市场意识、危机意识较重,具有更典型的"移民文化"特征,但是缺少文化底蕴,人才归属感往往不够强烈	武汉文化呈现多元鼎立、勇立潮头、敢为人先、兼收并蓄的特征	积极倡导敢为人先、宽容失败的创新文化,树立崇尚创新、创业致富的价值导向

4.3 案例总结

通过对国内外 6 个城市的创新型城市建设实践的分析,发现由于各个城市在历史传统、文化氛围、发展基础等方面存在种种差异,创新型国家也表现出各自独有的特色,其发展方式也存在一些差异,但是通过之前6个创新型城市的案例可以看出,它们在创新型城市的建设过程中有着共同的创新要素。通过综合分析这些创新型城市的共性要素,将创新型城市形成的基本要素总结如下。

(1) 创新载体

各类城市创新载体是创新型城市建设的重要依托,是实现创新的重要基础,创新活动的进行都离不开企业、高校和城市基础设施的建设。对于创新型城市来说,具有高研发能力的组织机构、吸引具有创新能力的高科技企业和鼓励大学开展科研工作是必不可少的。在鲁尔区、深圳市、川崎市和班加罗尔这些城市能够实现创新型城市的建设与其大力发展高新企业和科研院所密不可分。

(2) 创新政策

政府对于创新型城市的建设起着引领作用和推动作用。在创新型城市建设过程中,城市未来的发展方向和重点发展领域往往受到政府政策的影响,在国内外创新型城市建设初期,政策更是起着重要的作用,政府通过政策的制定,扶持各个创新主体的健康发展,可以保障创新活动的进行。深圳市、武汉市、班加罗尔等创新型城市在建设之初,政府出台大量的相关政策措施,激励城市内的创新活动,促使对外交流合作,保护知识产权,营造创新氛围。

(3) 经济环境

一个城市创新活动的进行离不开经济的支持,发达的经济条件可以增强城市的创新资源,从而促进创新型城市的建设。除了发达的经济条件,城市金融环境也是构成城市经济环境的重要部分。金融环境是指包括法律制度、行政管理体制、社会诚信状况、会计与审计准则、中介服务体系、企业的发展状况及银企关系等方面的内容。金融环境是依照仿生学原理来发展建立金融体系的良性运作发展模式。对创新型城市的建设而言，优质的城市金融生态环境可以改善城市的经济环境，健全城市社会信用基础等。

(4) 创新文化氛围

良好的创新文化氛围是促进创新型城市发展的必要环境。创新文化氛围渗透整个城市的内部，只有拥有良好的创新文化氛围，才能不断地加强创新知识的共享，加快创新思想的交流，激发整个城市的创新活力。而且，良好的创新文化氛围还可以吸引更多的创新人才，川崎市的成功正是因为在该地区形成了浓郁的创新氛围，创新人才宁愿放弃某些大城市、大公司的邀请，选择在此创业。

第 5 章　山西省省级创新型城市建设的总体战略

创新型城市是在特定的地理边界下，城市为了谋求可持续发展而制定的发展策略，因此，创新型城市是一种对资源控制和利用的新方式，表现为以创新型经济带动城市的发展，以科技引领人类生活的全新方式，以创新带动城市的社会发展，以创新的制度规范城市的发展，是一个旨在推动城市经济社会持续协调发展的创新系统。创新型城市的建设与培育，既要注重技术、科技对城市经济的作用，又要注重在城市所处的创新发展环境下，通过协同、整合创新要素，形成以创新为核心动力、以资源为基础、以创新制度和文化为支撑的城市发展模式。

5.1　指导思想

全面落实党的十八大和十八届三中、四中、五中全会精神，贯彻实施国家自主创新战略，以促进城市发展为主题，以科技创新为中心，以促进高新技术与产业融合为主线，以推进新兴产业发展为主攻方向，以满足区域经济社会发展的需求为目标，创新发展方式，广聚创新资源，优化创新环境，提高创新能力，在创新中转型、在转型中跃升，促进经济、社会、文化全面创新，增强城市综合实力。

5.2 基本原则

（1）坚持产业优先的原则

立足山西省产业优势，改造提升优势主导产业，部署煤、电和新材料产业创新链，突破重大共性和关键技术，提高产业自主创新能力。优化产业结构，培育扶持战略性新兴产业，完善创新产业链，搭建创新平台，培育创新团队，建设产业化示范工程和基地，实现低碳创新发展，构建具有山西特色的现代产业体系。

（2）强化企业创新主体的原则

加强研发能力和品牌建设，建立健全技术储备制度，提高持续创新能力，增强国际竞争力。鼓励企业围绕市场需求和长远发展，建立研发机构，健全组织技术研发、产品创新、科技成果转化的机制，围绕产业战略需求开展基础研究。支持行业骨干企业与科研院所、高等学校签订战略合作协议，组建产业技术创新战略联盟。

（3）坚持开放创新的原则

坚持开放互动、创新发展，大力实施开放合作战略，在竞争合作理念上着力，在探索合作机制上下功夫，通过国际国内的创新合作，吸引各类生产要素集聚，弥补积累不足、投入不足等，通过更大范围、更广领域、更深层次参与全球创新合作与竞争，探索开放式创新之路，着力构建充满活力、富有效率、更加开放的体制机制和政策环境。

（4）坚持稳步推进，重点突破的原则

从创新型城市建设全局出发，统筹规划，合理布局，明确各地市创新发展方向和重点创新工程，把创新型城市建设贯穿于经济社会发展的全过程。要把提高区域经济发展水平，提高人民群众生活质量作为创新

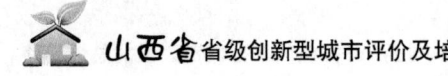

型城市建设的根本出发点和落脚点，围绕经济社会发展和社会重大需求，整合资源，实施若干重大工程，实现重点突破，推动经济社会全面协调可持续发展。

5.3 战略目标

山西省省级创新型城市建设规划的总体目标是：做到城市的发展由科技创新来引领、城市的发展由良性经济结构来推动、城市的发展靠多领域的产业来带动。城市的发展是生态化的绿色发展，实现企业、产业、体制机制、社会文化等领域的全面创新，尽早建成创新体系健全、创新要素集聚、创新效率高、经济社会效益好、辐射引领作用强的省级创新型城市，成为有一定影响力的区域创新中心。

力争用3~5年时间，建成一批知识创新基地、技术创新基地和公共创新服务平台，启动实施一批重大创新计划和专项工程，培育壮大一批创新型中小企业和创新中介服务机构，使得自主创新的区域影响力初步显现。至2020年，实现山西省研究与试验发展经费（R&D）占地区生产总值（GDP）的比重达到2.5%以上，科技进步贡献率达到50%左右，每万人口年度专利授权数量达到3项以上，高新技术产业产值占全省生产总值的比重达到10%以上，高新技术产业产值达到5000亿元以上。

再用5年时间，建成在一定产业领域内居于较高水平的研究机构和大学，拥有一批具有国际视野的创新型领军人才；建成一批高技术产业基地，使社会文化等领域的创新水平处于全国先进地位。至2025年，实现山西省研究与试验发展经费（R&D）占地区生产总值（GDP）的比重达到3.5%以上，科技进步贡献率达到70%以上，每万人口年度专利授权数量达到6项以上，高新技术产业增加值占全省生产总值的比重达到15%以上，高新技术产业产值达到2万亿元以上。

第6章 山西省省级创新型城市评价指标体系

6.1 创新型城市评价指标体系构建的目的

城市是区域经济社会发展的中心,是国家经济产出最重要的基地,是各类创新要素和资源的集聚地,城市的发展对区域和国家发展全局影响重大。

创新型城市是创新型国家建设的重要支柱,是推进国家创新体系建设的关键环节,是探索城市发展新模式的迫切要求,在加快经济发展方式转变中发挥着核心带动作用。创新型城市评价指标体系是指导创新型城市建设的有效手段,也是评价考核创新型城市工作成效的重要依据。

山西省太原市跻身国家创新型试点城市,阳泉市被确定为山西省唯一的省级创新型试点城市,这两个城市不像深圳市、苏州市和上海市等发达城市那样具有较强的创新能力、创新水平,山西省内其他城市甚至没有被提及作为创新型城市的试点城市,但是作为建设创新型国家的创新单元,它们同样有着举足轻重的地位。

从前文统计数据的比较可以了解，山西省城市发展较为落后，统计数据资料存在一定的局限性。现有体系对山西省创新型城市的评价并不适用，若将其运用于山西省的创新型城市建设，评价结果很不理想，甚至没有意义。山西省响应国家政策，积极投入建设创新型城市的行列，目前尚未出台相关的创新型城市评价指标体系，且各城市发展水平不一。基于此，本书尝试构建一套适合山西省城市评价的综合评价指标体系，对11个地市进行综合评价，为山西省培育建设创新型城市提供决策依据。

6.2 创新型城市评价指标体系的构建原则

本研究以创新型城市的概念内涵为基准，以体现山西省特点为核心，遵循以下原则构建山西省省级创新型城市评价指标体系。

（1）系统性和集中性

创新城市建设是国家创新系统框架内的一个组成部分，具有系统性特征。创新城市建设由多个维度组成，反映创新城市创新活动的各个方面和环节。因此，该指标体系的设置应能反映创新城市创新活动的系统性集成特征。同时，基于"以增强自主创新能力、促进科学发展为主线"的视角，该体系的设定不宜宽泛，应集中在决定建设创新型城市的主要因素上。

（2）客观性和可控性

应选取可获得数据的指标来设计评价指标体系，因此本研究选取的指标部分基于已有的文献，尤其是国际组织以及中国创新型城市测度研究报告中选用的指标；对于需要补充的指标也尽量按照客观性原则设定。在设计评价指标时，也保持各评价单位的指标是该单位所能够控制的，不受其他单位的影响，即减少相关度，降低误差。

(3) 代表性和可比性

要准确评价城市创新能力，并对城市创新活动进行有效的监控和管理，就要确保评价指标体系中的各个指标能代表创新型城市创新活动的必要的方面和环节。本研究在构建创新型城市评价指标体系中，着重突出最具有代表性的指标，并明确指标的含义及范围，使评价指标精炼简化，易于评估。评价指标的设定遵循代表性也是执行可比性的基础，可比性是设立评价指标体系的目标之一，使评价指标在不同的时空范围及不同的时期和地区之间能够进行测度和比较。

(4) 定性和定量相结合

如 Freeman 所揭示的那样，只有统计数据而不了解所测度对象的政治经济学性质，就不可能很好地进行政策设计和评估，反之亦然。因此定性分析和定量统计相结合是构建创新型城市评价指标体系的重要原则。本研究在设计指标时，均对定性和定量指标予以说明（包括计算方法），并遵循相对值指标优于绝对值指标、客观指标优于主观评价指标的优先顺序。

(5) 引导性与符合长期利益性

山西省省级创新型城市评价指标体系要具有引导的功能，即对城市创新这一集成创新活动的组织者和管理者进行引导，不断发现忽略和需要加强的方面及环节，通过城市创新能力来拉动山西省创新能力的整体提升。基于此，本研究在设计评价指标体系时，充分考虑到了山西省经济社会发展的长期利益，避免了只顾近利，忽略长远等问题的发生。

6.3 创新型城市的概念模型

从城市创新系统的角度分析，创新型城市应该具备与城市创新系统类似的创新要素，有主体要素（企业、高等学校、中介组织、科研机构等）和非主体要素（创新环境、产业集群、创新资源等）；还应该具有同样的目的或功能，能够合理配置资源，促进科技成果转化，提高经济增长速度等。从创新型城市的内涵方面看，创新型城市应该比城市创新系统的要求更高，不仅具有城市创新系统所具备的要素和功能，还要注重可持续发展能力、生态环境和文化环境等。综上，创新型城市应该是一个集聚各城市创新要素，并且能够实现经济、生态环境等可持续发展的系统。各构成要素之间相互关联、制约，共同实现创新型城市的功能。

6.3.1 创新型城市构成要素

基于创新型城市的构成要素的综述和对创新型城市的核心内容的分析，本书提出创新型城市必须具备创新主体要素、创新资源要素、创新环境要素、创新产出要素和辐射带动能力要素五个基本要素。

创新主体要素是城市创新活动得以实现的组织机构，是创新活动的能动要素。创新活动主要由创新主体完成，一般来讲，创新主体主要包括高校、研究机构和企业，它们的创新能力较强。

创新资源要素是创新活动所需的人、财、物等的资源总和，是创新活动的基础。这里主要包括技术投资所需的人力资源、资金和技术以及城市所拥有的产业能力。创新资源越富有，优势越突出，创新能力带动发展后劲会更大。

创新环境要素主要包括政策环境和文化环境等内容，经济发展水平属于环境的范畴，但是更侧重于创新产出方面，此部分内容不包括经济方面。创新环境能够服务于城市创新，对创新型城市的建设起到一定的助动作用，是创新型城市的社会支持系统，是城市维系和促进创新的基本保障。

创新产出要素主要包括知识产出、经济产出和可持续发展能力三个方面。以上三方面均可以作为创新型城市的投入要素,一个完整的系统,有投入,就必定有产出和效益。衡量一个城市是否为创新型城市,也离不开对其创新结果的衡量。

辐射带动能力要素是指作为创新型城市要对周围城市的发展起到一定的引导带动作用,促进区域经济发展,是创新型城市概念对其的硬性要求,是创新效益的体现。

创新产出要素和辐射带动能力要素都是结果要素。

6.3.2 创新型城市构成要素之间的关系

创新主体要素作为能动要素,可以将人力、财产、物质资料等创新资源聚集、整合和配置,促进创新产出和辐射带动能力的实现。创新环境要素是通过政府政策的引导、社会和人民群众营造的文化氛围来体现的,它作用于创新主体,影响创新成果的产出。创新产出要素和辐射带动能力要素又会反作用于创新资源要素和创新环境要素,更有助于创新主体进行创新活动。政府政策可以促进创新资源的集聚和利用,并通过创新主体来实现。培育创新型城市,就是要让创新主体、创新资源和创新环境等的投入带来创新产出的提高以及产生辐射带动效应,使城市、区域以及国家更快发展。

总之,创新型城市的构成要素不是孤立的,而是有机联系的。创新主体是重要的能动要素,创新资源保证了创新活动能够顺利进行,是创新活动的基础;创新环境为创新工作提供了良好的氛围,服务于创新能动要素,是创新工作的支撑保障;创新产出和辐射带动能力是创新活动的成果,又反作用于创新资源和创新环境,以此影响创新主体的活动,是创新活动的产出要素和效益要素。所有要素在系统内部共同作用,构成了创新型城市。

6.3.3 构建创新型城市概念模型

根据以上分析，提出山西省省级创新型城市评价的概念模型，如图6.1所示。

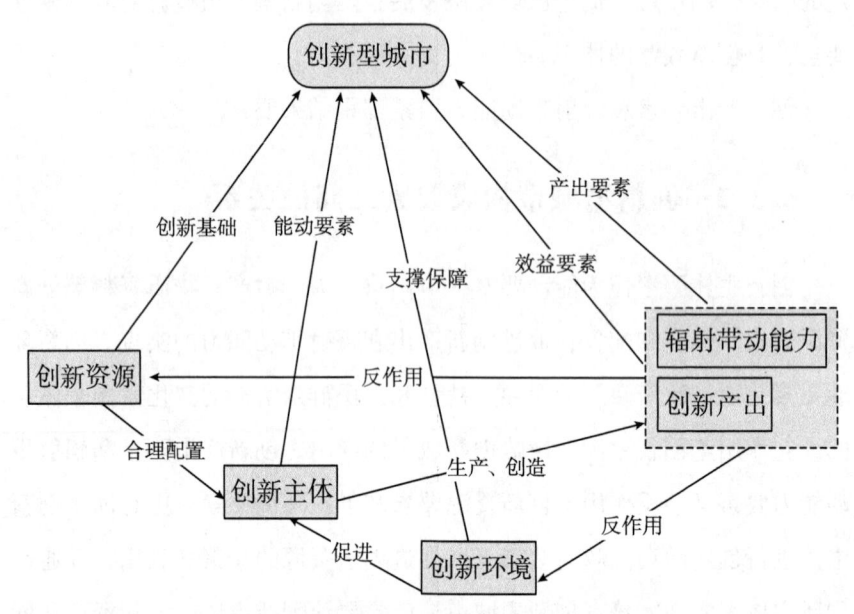

图 6.1 山西省省级创新型城市评价的概念模型

6.4 创新型城市评价指标体系的设置

6.4.1 指标体系设置

本研究对山西省省级创新型城市的评价考核拟设置三级指标，共计五大类，分别为创新主体要素、创新资源要素、创新环境要素、创新产出要素、辐射带动能力要素等，具体内容见表6.1。

第6章 山西省省级创新型城市评价指标体系

表 6.1 创新型城市指标体系

一级指标	二级指标		三级指标	
创新主体要素 S_1	高校、研究机构	M_1	高校数量(个)	X_1
			科研院所数(所)	X_2
	企业	M_2	规模以上工业企业数(个)	X_3
			企业技术中心(户)	X_4
			企业技术创新项目数(项)	X_5
创新资源要素 S_2	技术资源	M_3	R&D人员占就业人口总数比重(%)	X_6
			R&D经费支出占GDP的比率(%)	X_7
			基础研究经费占R&D经费投入比重(%)	X_8
	产业资源	M_4	工业总产值(万元)	X_9
			生产性服务业产值占GDP的比重(%)	X_{10}
创新环境要素 S_3	政策环境	M_5	提出建设创新型城市的发展战略	X_{11}
			编制并实施了创新型城市建设总体规划	X_{12}
			出台与创新型城市建设配套的创新政策	X_{13}
	文化环境	M_6	群众创新氛围	X_{14}
			群艺文化馆、博物馆(个)	X_{15}
			创新中介服务机构服务质量	X_{16}
创新产出要素 S_4	知识成果	M_7	发明专利授权数(件)	X_{17}
			有效商标注册数(件)	X_{18}
	经济效益	M_8	人均GDP(万元)	X_{19}
			规模以上工业增加值增长速率(%)	X_{20}
	业态转型	M_9	高技术产业产值占工业总产值比重(%)	X_{21}
			服务业增加值占GDP的比重(%)	X_{22}
	可持续发展	M_{10}	万元GDP综合能耗(吨标准煤/万元)	X_{23}
			空气质量达标天数占全年比重(%)	X_{24}
			城市建成区绿化覆盖率(%)	X_{25}
辐射带动能力要素 S_5	辐射能力	M_{11}	技术市场成交合同金额占全省比例(%)	X_{26}

· 87 ·

6.4.2 指标体系说明

（1）创新主体要素

创新主体是自始至终参与创新全过程、有自己的创意并成功将其付诸实施的个体。创新领域是广阔的，创新主体也可以是多元的，但总体来说，创新主体应具有对创新活动的自主决策权、具备进行创新活动的能力、能承担创新活动的责任与风险以及能够通过创新获得收益这四大特征。本研究将城市创新主体划分为高校、科研机构创新主体，以及企业创新主体。

①高校、科研机构。高校及科研机构作为城市创新主体之一，是城市创新活动的主力军，在创新活动中发挥重要作用。高校由于其特殊地位，担负着培养高素质人才的使命。因此，高校不仅可以通过其研发活动推动创新活动的实现，更能通过培养创新人才为城市其他创新主体输出高素质的人力资源。另外，高校和科研机构由于其研发资金相对有限，但却具有较高的研发能力，成为风险投资基金的投资对象，人才和资金的集聚使高校和科研机构成为创新成果的源泉。本研究用"高校数量（个）""科研院所数量（所）"来表示高校和研究机构数。

②企业。2012年9月，中共中央、国务院对外发布了《关于深化科技体制改革　加快国家创新体系建设的意见》，其基本思想就是强化企业技术创新的主体地位，促进经济与科技的结合，由此可见，企业作为创新主体在城市创新中的重要作用。企业是研发资金投入的主体，与高校有所不同，企业的研发资金可以不需要依赖政府投资，而是利用其产品销售收入进行研发创新，据统计，企业研发资金的投入应达到销售收入的3%以上才能保证企业有效的创新活动；企业是研究开发活动的主体，为满足市场多元化需求，企业会通过创新不断调整产品生产和研

第6章 山西省省级创新型城市评价指标体系

发的方向；企业是创新利益的分配主体，在产品销售和税收之后，企业对其创新收入进行自主分配，一方面激励企业继续从事创新活动，为下一轮企业创新提供资金支持，另一方面，企业可以将利益所得用于更新企业设备，培养企业所需的生产和研发人才，满足企业未来生存和发展的需要；企业是科技成果转化的主体，与高校和科研机构有所不同，企业能通过技术创新活动将科技成果转化为现实生产力，是将创新思想转化为产品的最后也是最关键的一步。本研究用"规模以上工业企业数（个）""企业技术中心数（户）""企业技术创新项目数（个）"三个指标来表示企业的作用。

③指标说明。创新主体三级指标的解释见表6.2。

表6.2 创新主体三级指标解释

指标	指标解释	计算公式或替代指标	数据来源
高校数量	指一个城市高等学校的总数。高校是大学、专门学院、高等职业技术学院、高等专科学院校的统称，从学历上讲，包括专科、本科、硕士研究生、博士研究生。高校可以提供专业知识和技术，培养人才，承担科研项目，有较多的创新成果。高校数量越多，对创新活动越有利	普通高等学校数量	EPS数据库
科研院所数量	科研院所的主要任务是解决科学和实践上的难题，是研究开发的又一个重要力量	县级以上自然科学研究与技术开发研究机构数	《山西省科技统计年鉴》
规模以上工业企业数	年主营业务收入2000万元人民币及以上的全部工业企业的数量		《山西省统计年鉴（2015）》

·89·

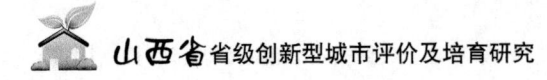

续表

指标	指标解释	计算公式或替代指标	数据来源
企业技术中心数	企业技术中心是企业进行创新活动最重要的场所,是全面提高自主创新能力的中坚力量。反映企业进行技术开发和创新的能力		山西经济和信息化委员会资料
企业技术创新项目数	反映企业进行创新活动的质量		

（2）创新资源要素

创新资源是创新活动的基础。创新资源为创新活动提供必备的条件，产业是城市经济的基础，技术资源是一个城市进行创新活动必需积累的知识，所以这里的创新资源要素主要从技术资源和产业资源两方面来阐释。一个城市需要立足于一定的基础研究水平和产业发展水平，才能有深入的创新成果。

①技术资源。创新型城市的建设离不开技术资源的投入，创新的技术资源主要从人才、资金两个侧面来选取，旨在反映各地市在创新人员和创新资金方面的投入和支持力度。本书选用"R&D 人员占就业人口总数比重（%）""R&D 经费支出占 GDP 的比率（%）"来表示技术资源类要素的投入。基础研究对一个行业或一个企业的生产效率的提高起到很大的作用。自主创新的技术突破内生性特点决定了自主创新，尤其是原始创新对基础性研究的高要求。基础研究水平代表知识创新水平的高低，也是创新型城市与其他城市的重要区别。通过加大对基础研究的支持，可以提高科研部门应对市场需求变化的能力。因而可以从对基础研究投入的角度选择指标来表示基础研究情况，本研究采用"基础研究经费占科技经费投入比重（%）"指标来度量。

②产业资源。城市创新离不开产业对城市的支撑作用。产业问题是

第6章 山西省省级创新型城市评价指标体系

城市经济的核心问题,而城市是产业的载体,也是城市活动(广义的产业活动,包括生产、运输、交易、营销及其他相关活动)的平台。城市给予产业的支撑,有直接的、硬件的(如基础设施),也有间接的、软件的(如信息、人力、科学、技术、文化、宜居环境等);产业给予城市的,是经济的产出,是城市的综合竞争力,是城市的实力和活力。产业是地方经济和国民经济的重要支撑和组成部分,城市产业的发展水平直接关系着该城市竞争力的强弱。建设创新型城市,必须立足于现有产业发展基础,不断增强创新活力,发展成为具有强大创新动力和雄厚创新实力的城市,成为在建设创新型国家中发挥重要作用的城市。另外,生产性服务业的发展和创新对我国增强自主创新能力、建设创新型城市尤其具有关键意义。加快生产性服务业的现代化,有利于摆脱旧型工业化道路,转变经济增长方式,走新型工业化道路,实现可持续发展。本研究用"工业总产值(万元)""生产性服务业产值占 GDP 的比重(%)"两个指标来衡量产业资源对创新型城市的作用。

③指标说明。创新资源三级指标解释见表6.3。

表6.3 创新资源三级指标解释

指标	指标解释	计算公式或替代指标	数据来源
R&D 人员占就业人口总数比重	创新人才的投入	科技活动人员总数/就业人员总数×100%	《山西省统计年鉴》
R&D 经费支出占GDP的比率	创新资金的投入	R&D 经费支出/GDP×100%	R&D 经费支出来源于《山西省科技统计年鉴》,GDP 数据来源于《山西省统计年鉴》

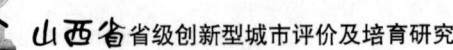

续表

指标	指标解释	计算公式或替代指标	数据来源
基础研究经费占科技经费投入比重	从资金投入角度衡量基础研究能力。山西省基础研究经费主要用于政府部门科研机构、高等院校科研机构；用于规模以上工业企业、其他企事业单位很少	研究与开发机构的基础研究经费/科技经费投入×100%	《山西省科技统计年鉴》
工业总产值	指第二产业中工业的产值能力，能够衡量一个城市的工业产业水平，反映城市产业情况		《山西省统计年鉴(2015)》
生产性服务业产值占GDP的比重	将生产性服务业按年鉴分为交通运输、仓储和邮政业，信息传输、计算机服务和软件业，金融业，租赁和商务服务业，科学研究、技术服务业，水利环境和公共设施管理六大类别[47]	生产性服务业产值/GDP×100%	历年《山西省统计年鉴》

（3）创新环境要素

创新环境是城市进行创新活动的润滑剂。有的学者把经济环境、自然环境、社会环境等纳入创新环境，而本书的创新环境更侧重一种创新氛围，把经济和自然环境作为创新的产出来看待。创新环境是政策对城市的引导和文化对人们的熏陶，所以主要包括创新政策环境和创新文化环境。

①创新政策环境。政府对创新型城市的作用有很多方面，这里主要通过创新政策来表示。建设创新型城市从政策的角度，其实就是一项城市发展战略，是政府的决策。创新型城市是基于国家建设创新型国家而提出的。为了实现创新型国家的目标，国家制定了一系列有关创新的政策，2012年政策效果最为明显。创新政策是一个政策体系，凡与之相关的各种行为、活动的政策都归于这个体系，是国家为了促进科技创新

第6章 山西省省级创新型城市评价指标体系

的发展、规范科技创新的行为而采取的一系列直接与间接的有关政策和措施的总和[48]。创新型城市的建设离不开创新政策的引导和保障作用。本研究从政府对创新型城市重视程度的角度出发,通过"提出建设创新型城市的发展战略""编制并实施创新型城市建设总体规划"和"出台与创新型城市建设配套的创新政策"三方面来量化政策环境。下面对创新政策进行划分。

创新蓝皮书《创新型国家建设报告(2013—2014)》搜集了2012—2013年发布的15部国家级创新政策,进行了归类划分,有纲领性政策和企业、高校、产业、民生、环境建设等方面的政策。本研究借鉴此种分类方法,对山西省11个地市与创新相关的政策意见进行了梳理汇总(见附录1)。

《国家创新驱动发展战略山西行动计划(2014—2020年)》是根据国家关于创新政策纲领性文件提出的,是山西省的战略顶层设计,是山西省的纲领性文件。山西省各个地市关于创新驱动发展战略的行动计划是地市级的纲领性文件;在企业、高校、产业、民生和环境建设五类政策的基础上,加入资源政策,对山西省的其他政策文件进行归类。把创新型城市试点工作方案、低碳创新行动计划、科学发展规划纲要等作为规划性文件。

②创新文化环境。对于努力成为创新型城市的地区而言,营造创新环境最重要的是改善创新文化环境,因为这是一种鼓励人们参与、沟通并分享的城市环境。创新文化环境的建立需要持续的培养,并不是一蹴而就、在短时间内建成的。通过大量的城市文化活动,营造城市创新文化环境,强化人们的创新意识,从而增强城市的创新动力。只有当创新意识渗透到城市文化内部,形成一种创新文化环境,才能激励层出不穷的创新活动。

文化对创新有广泛而持久的影响。崇尚创新、宽容失败的创新文化对城市创新体系具有重要的促进作用。此外,任何城市都不可能拥有一切最好的创新资源,关键在于城市要有吸引外来要素的能力。一个具有良好文化氛围的城市在吸引各类人才方面会有很大的优势。

本研究通过"群众创新氛围""群艺文化馆、博物馆数量(个)""创新中介服务机构服务质量"三个指标来衡量一个城市的创新文化环境。

③指标解释。创新环境三级指标解释见表6.4。

表6.4 创新环境三级指标解释

指标	指标解释	计算公式或替代指标	数据来源
提出建设创新型城市的发展战略	是否提出纲领性文件	若是,赋值"1",否则为"0"	各地市出台的政策
编制并实施创新型城市建设总体规划	规划性文件,包括创新型城市试点工作方案、低碳创新行动计划等文件	规划的数量	各地市出台的政策
出台与创新型城市建设配套的创新政策	包括企业、高校、产业、民生、创新资源和创新环境等	政策涉及数量	各地市出台的政策
群众创新氛围	是个人创造力表现的集合,如果每个个体都有一定的创造力,那么整个群体组成的城市势必有着浓厚的创新氛围。个人创造力关系到企业、社会和国家的各个方面,提高个人创造力不仅有利于创新型城市的建设,还有利于提高社会创新能力和企业自主研发能力	得分	调查数据

第6章　山西省省级创新型城市评价指标体系

续表

指标	指标解释	计算公式或替代指标	数据来源
群艺文化馆、博物馆数量	反映一个城市文化事业方面的指标,能够反映文化环境的一方面		《山西省统计年鉴》
创新中介服务机构服务质量	科技中介服务机构是建立在城市创新的不同利益主体之间的桥梁和纽带。能够合理配置创新资源,促进知识和技术在市场和创新主体之间流动。对创新主体来说,创新中介服务机构能够帮助他们降低成本、提高创新成果转化率	得分	调查数据

(4) 创新产出要素

要衡量一个城市的创新能力,看它是否具备创新型城市的条件,不但需要看它的投入要素,更需要对它的绩效做出评价,也就需要衡量它的创新产出。创新产出主要反映城市创新活动所带来的知识成果、经济效益、业态转型和可持续发展能力。

①知识成果。江苏省发布了国内首个省级科技创新评价指标体系,对创新型的省辖市、县辖市、创新型园区的衡量分别设置了详细的评价标准。对于省辖市、创新园区的科技创新指标体系中就有知识产出这个方面。知识产出下面设置了专利授权、发明专利申请、企业自主知识产权产品和新产品相关的指标。本书考虑到指标的精简和具有代表性,认为知识上的成果主要包括发明专利和注册商标等知识产权产出、科技论文产出;而有关产品产值属于经济方面的产出,而不单纯是知识成果的产出。所以选用"发明专利授权数(件)""有效商标注册数(件)"和"科技论文发表数量(篇)"三个指标衡量城市的知识成果。在对各市科技局发放问卷和翻阅资料查找后,"科技论文发表数量"这一指标大部分地市没有相关数据,所以删除了该指标。

· 95 ·

②经济效益。创新型城市建设有利于区域经济的良好发展。由此可以看出,创新的产出很重要的一方面就是可以促进经济发展。另外,建设创新型城市的目的之一就是实现城市的经济可持续发展,提高人们生活水平,所以在衡量城市创新产出时,可以通过经济发展水平和增长水平两方面来反映。衡量经济发展水平,最具有代表性的指标是人均GDP、规模以上工业增加值增长率。创新成果进行产业化、商业化之后成果之一是新产品,所以新产品产值可以衡量创新的经济效益。另外,高技术企业投入了大量的研发人员和资金,它的经济发展状况是一个城市技术创新能力很好的体现。

本书用"人均GDP(万元)""规模以上工业增加值增长率(%)""新产品产值(万元)"和"高新技术企业高新技术产品(服务)收入占当年总收入的比重(%)"四个指标衡量城市创新产出的经济效益。但是由于地市的关于新产品产值和高新技术企业高新技术产品(服务)收入占当年总收入的比重两个指标的数据没有统计,所以在最后的测算只能选择有数据来源的"人均GDP(万元)"和"规模以上工业增加值增长率(%)"。

③业态转型。业态转型主要从产业的结构变动来考虑。创新与产业结构的变化有着非常紧密的联系,创新可以促使产业结构改变。产业结构演进是一个经济增长对技术创新的吸收以及主导产业经济部门依次更替的过程[49]。技术创新对产业结构调整的作用主要通过以下三方面体现出来。第一,通过产品。技术可以在产业之间进行流通,成为产业之间联系的一个传输带。一个产业的技术向前、后扩张导致产品可以向前或向后扩展利用,从而形成了产业之间的关联,技术关联是产业关联的核心因素。技术关联促进产业的扩张或收缩。第二,技术创新可以促使新的产业诞生。传统产业通过技术创新来提高生产效率,或者改变落后的生产模式,有可能促使产品更新换代,甚至创造出全新的产业和产

第6章 山西省省级创新型城市评价指标体系

品。三是通过需求。需求结构变化连接着技术创新与产业结构变化。技术若有重大突破,会刺激需求的变化从而推动新产业进步和发展。

创新能够促进产业结构转型和升级。通过创新,城市可以实现传统的、衰落的产业向新兴产业和高技术产业的转变,可以促使三大产业结构更趋合理。考虑到地市数据的可获得性,本书用"高技术产业产值占工业总产值的比重(%)"和"服务业增加值占GDP的比重(%)"两个指标来表示城市业态转型的结果。

④可持续发展能力。城市经济可持续发展是指城市系统在经济发展的过程中,围绕生产过程这一中心环节,促使城市新的结构、功能与原有结构、功能及其内部的和谐一致,实现产出效率的可持续提升。城市要实现经济的可持续发展,就必须在资源的保护和利用之间寻求一个生态上的平衡,在生产过程中不仅为当代人提供必要的物质产品,也要顾及后代人生存和发展对资源的需求。城市经济发展会带来人与自然关系的失衡问题,在人类社会面临越来越严重的城市环境问题时,绝对不能随意地把这些环境问题留给后代或扩散到更大的空间范围,这是城市发展应尽的一种责任和义务。

我国的城市经济发展在早期是以牺牲资源、环境为代价的,粗放型的经济发展模式使得资源过度消耗,城市陷入资源枯竭的困境;同时破坏了生态环境,威胁着人类的健康生存。国家发展改革委员会在扩大创新型城市试点工作的文件上也明确提出,要增强可持续发展能力,加快实现创新驱动发展。所以一座创新型城市可以持续提供给人们以及我们的后代良好的生态环境和健康的经济发展环境,不抢取本该后代利用的资源。本书主要通过经济和能源消耗的关系以及生态环境来反映城市的可持续发展,选取"万元GDP综合能耗(吨标准煤/万元)""空气质量达到二级以上天数占全年比重(%)""城市建成区绿化覆盖率(%)"三个指标。

⑤指标解释。创新产出三级指标解释见表6.5。

表6.5 创新产出三级指标解释

指标	指标解释	计算公式或替代指标	数据来源
发明专利授权数	发明专利技术含量最高,衡量城市的知识创新能力		各市2014年国民经济和社会发展统计公报
有效商标注册数	商标注册之后才在法律保护范围之内。有效的注册商标的拥有和使用反映了知识创新的能力		中华人民共和国国家工商行政管理总局商标局2014年各省、自治区、直辖市商标申请与注册统计详表
人均GDP	衡量经济发展水平,是经济产出的一个指标		《山西省统计年鉴(2015)》
规模以上工业增加值增长速率	反映工业企业的经济增长水平,代表一个城市的经济增长水平		各市国民经济与社会发展统计公报
高技术产业产值占工业总产值的比重	科学技术部创新型城市建设监测评价指标之一,反映高新产业的创新绩效,也可反映产业结构调整的效果	高新技术企业/法人单位数×100%	《山西科技年鉴(2015)》区域科技:高新技术与工业科技;《山西省统计年鉴(2015)》
服务业增加值占GDP的比重	反映城市创新带来产业结构调整的重要指标,是科学技术部创新型城市建设监测评价指标之一	第三产业产值/GDP×100%	《山西省统计年鉴(2015)》

续表

指标	指标解释	计算公式或替代指标	数据来源
万元GDP综合能耗	衡量经济发展带来的能源消耗问题。反映经济发展的可持续能力		《山西省统计年鉴(2015)》
空气质量达到二级以上天数占全年比重	空气污染是破坏生态环境一个重要的方面。该指标反映生态环境的可持续发展状况	一年内空气质量达标天数/365天×100%	《山西省统计年鉴(2015)》
城市建成区绿化覆盖率	绿化是生态环境保护的重要内容，该指标反映生态平衡的状况水平		《山西省统计年鉴(2015)》

(5) 辐射带动能力要素

创新型城市的概念里要求城市区域带动作用明显。作为真正意义上的创新型城市，创新产出要求能够对周围甚至更远的地区起到带动发展的作用。本书的研究对象是省辖市，还不是真正意义上的创新型城市，发展比较落后，所以对其辐射作用的要求比较低。有研究者用技术市场交易情况、高新技术产品出口额占地方出口总额比重等指标来衡量。技术成果交易分布一定程度上反映了技术成果的辐射能力，本书用"技术市场成交合同金额占全省比例"表征。技术市场成交合同金额是指技术市场管理办公室认定登记的、技术转让方为当地企业或机构的技术合同的合同标的金额的总和，计算公式为：

技术市场成交合同金额占全省比例＝本市技术市场成交合同金额/全省技术市场成交合同金额×100%

数据来源于《山西科技年鉴（2015）》区域科技。

第7章 山西省省级创新型城市的综合评价

7.1 山西省创新型城市综合评价流程

山西省11个城市在创新主体、创新资源、创新环境、创新产出、辐射带动能力等方面差距比较大，本章通过第4章建立的多层次指标体系，对山西省各城市进行综合评价。

根据指数法的应用，可以归纳多指标评价体系综合评价的流程，如图7.1所示。

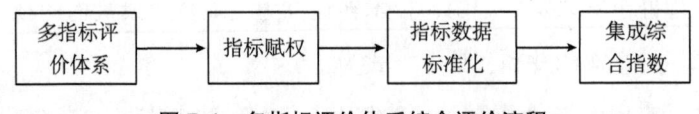

图 7.1 多指标评价体系综合评价流程

综合评价是将多指标体系进行高度综合。多指标评价体系经过一定的计算集成的单一指标叫作"指数"[50]。指数能够反映一个由多因素构成的复杂现象总体上的变化，能够分析各个因素对总体的作用，是一种综合评价方法。综合指数法的基本思想是将各指标参比标准值计算成相对水平的指标，计算出综合指数，进行评价[51]。由此，本书的综合评价流程如图7.2所示。

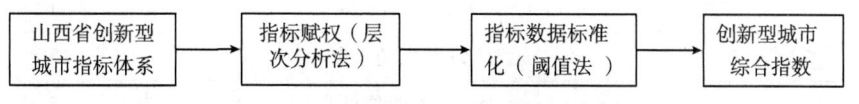

山西省创新型城市指标体系 → 指标赋权（层次分析法）→ 指标数据标准化（阈值法）→ 创新型城市综合指数

图 7.2　山西省创新型城市综合评价流程

7.2　指标权重的确定

运用层次分析法对评价指标赋权，本研究组邀请相关专家根据标度法（表7.1）给出判断矩阵（列出一级指标的判断矩阵，见表7.2）。表7.3列出一级指标权重的计算过程，其余指标的权重计算过程同一级指标，最后得出所有指标的权重见表7.4。

权重计算过程：首先计算判断矩阵每一行元素的乘积 T_i ［式（7.1）］，然后计算权重 W_{0i} ［式（7.2）］，最后计算一致性指标 CI ［式（7.3）］，进行一致性检验，其中 λ_{max} 的计算公式 ［式（7.4）］也列出。

$$T_i = \prod_{j=1}^{n} m_{ij} \tag{7.1}$$

$$W_{0i} = \frac{\sqrt[n]{T_i}}{\sum_{i}^{n} \sqrt[n]{T_i}} \tag{7.2}$$

$$CI = \frac{\lambda_{max} - n}{n - 1} \tag{7.3}$$

$$\lambda_{max} = \sum_{i=1}^{n} \frac{(MW)_i}{n \times \sqrt[n]{T_i}} \tag{7.4}$$

式中，m_{ij} 为判断矩阵的元素；W_{0i} 表示权重；λ_{max} 表示最大特征值；$(MW)_i$ 表示向量 MW 的第 i 个分量；n 表示分量的个数。

表7.1 判断矩阵标度及含义

序号	重要性等级	标度
1	i,j 两元素同等重要	1
2	i 元素比 j 元素稍重要	3
3	i 元素比 j 元素明显重要	5
4	i 元素比 j 元素强烈重要	7
5	i 元素比 j 元素极端重要	9
6	上述两相邻判断的中值	2,4,6,8
7	因素 i 与 j 比较得到判断 d_{ij},则因素 j 与 i 比较的判断为 $d_{ji}=1/d_{ij}$	倒数

表7.2 一级指标判断矩阵

Z	S_1	S_2	S_3	S_4	S_5
S_1	1	1	1	1	7
S_2	1	1	1	1	7
S_3	1	1	1	1	7
S_4	1	1	1	1	7
S_5	1/7	1/7	1/7	1/7	1

表7.3 一级指标权重计算及一致性检验

Z	S_1	S_2	S_3	S_4	S_5	T_i	W_i	权重 W_{0i}	λ	
S_1	1	1	1	1	7	7.0000	1.4758	0.2414	5.0000	$\lambda_{max}=5.0000$
S_2	1	1	1	1	7	7.0000	1.4758	0.2414	5.0000	$CI=0\leq 0$
S_3	1	1	1	1	7	7.0000	1.4758	0.2414	5.0000	通过一致性检验
S_4	1	1	1	1	7	7.0000	1.4758	0.2414	5.0000	
S_5	1/7	1/7	1/7	1/7	1	0.0004	0.2108	0.0345	5.0000	

注:T_i 为判断矩阵每行元素的乘积。

二级指标和三级指标的计算过程同一级指标,最后得出每一层指标相对于上一层次的权重,用向量表示为:一级指标 S 的权重向量 $\omega =$

第7章 山西省省级创新型城市的综合评价

$(\omega_1 \quad \omega_2 \quad \omega_3 \quad \omega_4 \quad \omega_5) = (0.2414, 0.2414, 0.2414, 0.2414, 0.0344)$。二级指标 $M_i(i=1,2,\cdots,11)$ 的权重向量分别是：$\boldsymbol{\omega}_{S_1} = (0.3333, 0.6667)$，$\boldsymbol{\omega}_{S_2} = (0.6667, 0.3333)$，$\boldsymbol{\omega}_{S_3} = (0.5, 0.5)$，$\boldsymbol{\omega}_{S_4} = (0.25, 0.25, 0.25, 0.25)$，$\boldsymbol{\omega}_{S_5} = (1)$。三级指标 $X_j(j=1,2,\cdots,26)$ 的权重向量分别是 $\boldsymbol{\omega}_{M_1} = (0.5, 0.5)$，$\boldsymbol{\omega}_{M_2} = (0.3333, 0.3333, 0.3334)$，$\boldsymbol{\omega}_{M_3} = (0.3334, 0.3333, 0.3333)$，$\boldsymbol{\omega}_{M_4} = (0.5, 0.5)$，$\boldsymbol{\omega}_{M_5} = (0.4, 0.4, 0.2)$，$\boldsymbol{\omega}_{M_6} = (0.25, 0.25, 0.5)$，$\boldsymbol{\omega}_{M_7} = (0.75, 0.25)$，$\boldsymbol{\omega}_{M_8} = \boldsymbol{\omega}_{M_9} = (0.5, 0.5)$，$\boldsymbol{\omega}_{M_{10}} = (0.3334, 0.3333, 0.3333)$，$\boldsymbol{\omega}_{M_{11}} = (1)$，汇总见表7.4。

表7.4 创新型城市指标权重

一级指标		二级指标		三级指标	
指标	权重	指标	权重	指标	权重
创新型城市综合指数 S		M_1	0.3333	X_1	0.5
				X_2	0.5
S_1	0.2414	M_2	0.6667	X_3	0.3333
				X_4	0.3334
				X_5	0.3333
S_2	0.2414	M_3	0.6667	X_6	0.3334
				X_7	0.3333
				X_8	0.3333
		M_4	0.3333	X_9	0.5
				X_{10}	0.5
S_3	0.2414	M_5	0.5	X_{11}	0.4
				X_{12}	0.4
				X_{13}	0.2
		M_6	0.5	X_{14}	0.25
				X_{15}	0.25
				X_{16}	0.5

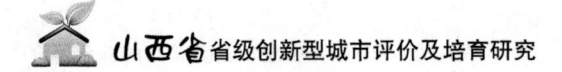

续表

一级指标		二级指标		三级指标	
指标	权重	指标	权重	指标	权重
创新型城市综合指数 S	S_4 0.2414	M_7	0.25	X_{17}	0.75
				X_{18}	0.25
		M_8	0.25	X_{19}	0.5
				X_{20}	0.5
		M_9	0.25	X_{21}	0.5
				X_{22}	0.5
		M_{10}	0.25	X_{23}	0.3334
				X_{24}	0.3333
				X_{25}	0.3333
	S_5 0.0344	M_{11}	1	X_{26}	1

7.3 指标数据的标准化

多指标集成为一个综合指数，需要把各个指标同度量化，也就是指标数据标准化。每个指标具有不同的单位，不能直接进行数学运算，所以进行标准化处理。

借鉴人类发展指数中的标准化方法，用阈值法［式（7.5）、式（7.6）］进行处理。采用此方法最重要的内容是确定阈值。如果评价的数据是一次性的，可以从样本中获取阈值；如果是连续年度的评估，阈值的选择要求可持续和可比性。对创新型城市综合指数进行连续性的评价时，可以选择国际标准、国家标准或者参评城市的目标值作为依据，确定阈值。由于创新型城市的建设尚无具体而统一的标准出台，且城市规划当中没有全面、具体的目标值，本书选取了一年的数据作为样

第7章 山西省省级创新型城市的综合评价

本数据,所以阈值样本数据中筛选。

(1) 效益型指标的标准化

$$Z = \begin{cases} 1 & (x \geqslant x_{\max}) \\ \dfrac{x - x_{\min}}{x_{\max} - x_{\min}} & (x_{\min} < x < x_{\max}) \\ 0 & (x \leqslant x_{\min}) \end{cases} \quad (7.5)$$

(2) 成本型指标的标准化

$$Z = \begin{cases} 1 & (x \leqslant x_{\min}) \\ \dfrac{x_{\max} - x}{x_{\max} - x_{\min}} & (x_{\min} < x < x_{\max}) \\ 0 & (x \geqslant x_{\max}) \end{cases} \quad (7.6)$$

式中,x 表示有量纲指标实际值;$x_{\max}$ 表示有量纲指标最大值;$x_{\min}$ 表示有量纲指标最小值;Z 表示有量纲指标标准化后的值。

通过《山西省统计年鉴》《山西省科技统计年鉴》、EPS 数据库、各市国民经济和社会发展统计公报、相关政策文件等资料整理出原始数据。主观性指标有"群众创新氛围""创新中介服务质量",通过调查问卷(附录3)中的数据,把比例数据等加权作为原始数据。问卷发放1500份,发放的人群主要集中在18~50周岁的范围,男女比例相当,职业范围比较广。最后回收后剔除无效问卷,有效问卷1290份,回收率为86%,加之1290份问卷相对来说样本量比较大,统计结果有比较高的可信度。创新型城市指标原始数据见表7.5。

本书"万元GDP综合能耗"是成本型指标,其他为效益型指标。原始数据标准化处理结果为表7.6。

表 7.5 创新型城市指标原始数据

城市	S_1					S_2				S_3									S_4					S_5	
	M_1	M_2		M_3			M_4		M_5					M_6		M_7		M_8		M_9			M_{10}		M_{11}
	X_1	X_2	X_3	X_4	X_5	X_6	X_7	X_8	X_9	X_{10}	X_{11}	X_{12}	X_{13}	X_{14}	X_{15}	X_{16}	X_{17}	X_{18}	X_{19}	X_{20}	X_{21}	X_{22}	X_{23}	X_{24}	X_{25}	X_{26}
太原市	43	69	404	81	139	3.25	3.48	4.30	7028126	20.17	1	2	6	0.27	23	0.22	1023	19987	59023	0.40	0.50	58.50	1.05	0.54	39.88	28.44
大同市	1	5	173	13	14	3.19	1.15	8.85	3780756	12.41	1	1	1	0.25	14	0.20	59	3679	29607	10.30	0.08	49.80	1.48	0.82	42.73	18.08
阳泉市	2	3	144	6	9	2.83	0.68	11.33	2942122	10.66	1	4	3	0.25	6	0.25	16	1458	44382	4.20	0.10	43.60	1.45	0.26	41.02	1.07
长治市	5	11	344	16	38	0.97	1.20	7.50	7333891	9.04	1	1	2	0.18	14	0.22	109	4336	39196	5.10	0.10	37.30	1.68	0.64	45.56	4.97
晋城市	1	7	244	12	17	2.65	1.20	0.00	5636646	11.88	1	1	6	0.28	8	0.23	41	3353	44945	5.00	0.10	37.00	1.26	0.57	39.34	15.62
朔州市	1	2	280	5	15	0.91	0.25	5.00	5171026	10.30	1	2	3	0.36	7	0.22	19	1783	57368	4.50	0.06	39.80	1.86	0.64	50.05	0.00
晋中市	16	4	529	7	12	0.49	0.66	9.43	4275300	10.07	0	2	1	0.28	12	0.23	65	5485	31465	7.20	0.12	42.60	1.54	0.66	36.42	6.83
运城市	2	6	500	32	47	3.66	0.67	2.09	4086152	8.89	1	2	2	0.24	34	0.19	82	8548	22940	3.80	0.16	42.20	1.89	0.57	33.85	10.07
忻州市	2	8	355	13	7	3.88	0.16	1.23	2857805	9.34	1	1	2	0.31	15	0.26	32	2243	21796	6.70	0.07	42.90	1.36	0.62	31.13	1.28
临汾市	4	7	364	17	15	0.66	0.47	2.76	5878601	11.27	1	2	1	0.31	32	0.24	84	4442	27557	3.00	0.08	37.80	2.31	0.66	37.91	9.29
吕梁市	1	5	567	4	22	1.07	0.29	7.25	6614170	8.72	1	0	2	0.24	14	0.23	29	5516	28960	−5.60	0.06	31.60	1.67	0.70	39.04	4.29

表 7.6 原始数据标准化

城市		太原市	大同市	阳泉市	长治市	晋城市	朔州市	晋中市	运城市	忻州市	临汾市	吕梁市
S_1	M_1 Z_1	1.00	0.00	0.02	0.12	0.02	0.02	0.35	0.07	0.05	0.07	0.00
	Z_2	1.00	0.04	0.01	0.13	0.07	0.00	0.03	0.06	0.09	0.07	0.04
	Z_3	0.61	0.07	0.00	0.47	0.24	0.32	0.91	0.84	0.50	0.52	1.00
	M_2 Z_4	1.00	0.12	0.03	0.16	0.10	0.01	0.04	0.36	0.12	0.17	0.00
	Z_5	1.00	0.05	0.02	0.23	0.08	0.06	0.04	0.30	0.00	0.06	0.11
S_2	M_3 Z_6	0.81	0.80	0.69	0.14	0.64	0.12	0.00	0.93	1.00	0.05	0.17
	Z_7	1.00	0.30	0.16	0.31	0.31	0.03	0.15	0.15	0.00	0.09	0.04
	Z_8	0.38	0.78	1.00	0.66	0.00	0.44	0.83	0.18	0.11	0.24	0.64
	M_4 Z_9	0.93	0.21	0.02	1.00	0.62	0.52	0.32	0.27	0.00	0.67	0.84
	Z_{10}	1.00	0.32	0.17	0.03	0.28	0.14	0.12	0.02	0.05	0.22	0.00
S_3	Z_{11}	1.00	1.00	1.00	1.00	1.00	1.00	0.00	1.00	1.00	1.00	0.00
	M_5 Z_{12}	0.50	0.25	1.00	0.25	0.25	0.50	0.50	0.50	0.25	0.50	0.00
	Z_{13}	1.00	0.00	0.40	0.20	1.00	0.40	0.00	0.20	0.20	0.00	0.20

续表

城市		太原市	大同市	阳泉市	长治市	晋城市	朔州市	晋中市	运城市	忻州市	临汾市	吕梁市
S_3	Z_{14}	0.52	0.41	0.39	0.00	0.55	1.00	0.53	0.36	0.70	0.74	0.31
M_6	Z_{15}	0.61	0.29	0.00	0.29	0.07	0.04	0.21	1.00	0.32	0.93	0.29
	Z_{16}	0.47	0.21	0.89	0.48	0.51	0.47	0.60	0.00	0.96	0.76	0.54
M_7	Z_{17}	1.00	0.04	0.00	0.09	0.02	0.00	0.05	0.07	0.02	0.07	0.01
	Z_{18}	1.00	0.12	0.00	0.16	0.10	0.02	0.22	0.38	0.04	0.16	0.22
M_8	Z_{19}	1.00	0.21	0.61	0.47	0.62	0.96	0.26	0.03	0.00	0.15	0.19
	Z_{20}	0.38	1.00	0.62	0.67	0.67	0.64	0.81	0.59	0.77	0.54	0.00
S_4	Z_{21}	1.00	0.05	0.09	0.09	0.10	0.00	0.14	0.24	0.03	0.06	0.01
M_9	Z_{22}	1.00	0.68	0.45	0.21	0.20	0.30	0.41	0.39	0.42	0.23	0.00
	Z_{23}	1.00	0.66	0.68	0.50	0.84	0.36	0.61	0.33	0.75	0.00	0.51
M_{10}	Z_{24}	0.15	0.97	0.00	0.45	0.25	0.98	0.54	0.25	1.00	0.49	0.70
	Z_{25}	0.46	0.61	0.52	0.76	0.43	1.00	0.28	0.14	0.00	0.36	0.42
S_5 M_{11}	Z_{26}	1.00	0.64	0.04	0.17	0.55	0.00	0.24	0.35	0.04	0.33	0.15

7.4 指数模型的构建

7.4.1 指数计算模型

山西省创新型城市指数的编制属于指数法在经济领域以外的应用，计算模型应该参考其他领域中指数的计算方法。指数其实是一种相对数的概念，计算方法有统计学上的由简单指标相加法的变形算法算术平均值法和算术加权平均法、几何加权平均法、混合加权模式法[51]。可以归纳为两种基本模型，见式（7.7）和式（7.8）。

$$I_1 = \sum_{i=1}^{n} W_i \times Z_i \quad (7.7)$$

$$I_2 = \prod_{i=1}^{n} W_i^{Z_i} \quad (7.8)$$

式中，I_1 表示加权算术平均综合评价值；I_2 表示加权几何平均综合评价值；n 表示评价指标的个数；W_i 表示第 i 个评价指标的权重；Z_i 表示第 i 个三级指标标准化后的值。

加权几何平均模型对指标是有要求的，指标之间的差异性小，不应有偏废；对权数要求较低。本书指标体系各指标标准化之后的结果在 0~1 之间，差异性较大；设计权重选择层次分析法，是有意识地加入专家对山西省创新型城市建设和评价的意见，这里不应该弱化权重的作用。另外，加权几何平均模型对数据反应灵敏，当指标数值为零，综合评价结果为零，不适合本书的数据处理。因此，本书采用加权算术平均模型。

7.4.2 分指数的合成

根据山西省创新型城市指标体系，把创新主体要素、创新资源要素、创新环境要素、创新产出要素和辐射带动能力要素分别作为创新主体分指数、创新资源分指数、创新环境分指数、创新产出分指数和辐射带动分指数。各指标指数计算见式（7.9）：

$$S_i = \sum_{k=c(i)}^{d(i)} M_k W_k \qquad (7.9)$$

式中，S_i 表示第 i 项一级指标指数的结果；k 表示第 i 项一级指标对应的二级指标的下标；$c(i)$、$d(i)$ 分别表示第 i 项一级指标对应的二级指标下标的起始数和结尾数；M_k、W_k 分别表示第 i 项一级指标下属的二级指标的数值和权重。

一级指标指数的计算需要以三级指标指数和二级指标指数作为基础，通过指数模型来计算。三级指标指数的计算是通过上述标准化处理得到的。二级指标指数的计算式（7.10）如下：

$$M_j = \sum_{k=c(j)}^{d(j)} Z_h W_h \qquad (7.10)$$

式中，M_j 表示第 j 项二级指标数值；h 表示第 j 项二级指标对应的三级指标的下标，$c(j)$、$d(j)$ 分别表示第 j 项二级指标对应的三级指标下标的起始数和结尾数，Z_h、W_h 分别表示第 j 项二级指标下属的三级指标的数值和权重。

7.4.3 创新型城市综合指数的合成

创新型城市综合指数的计算如式（7.11）所示：

$$S = \sum_{i=1}^{n} S_i W_i \qquad (7.11)$$

式中，S 表示创新型城市综合指数；S_i 表示第 i 项一级指标指数；W_i 表示第 i 项一级指标指数的权重。

创新型城市综合指数决定城市发展状况。本书数据标准化后的指标分值处于 0～1 之间，综合指数评价模型为加权算术平均模型，所以创新型城市综合指数和分指数都在0~1之内。一般来讲，综合指数在0.8以上说明创新状况良好，创新型城市综合指数值在［0.8, 1）区间的城市可以认为创新发展良好，综合指数值在［0.35, 0.8）区间的城市可以认为创新发展较好，综合指数值在（0, 0.35）区间的城市认为创新发展较落后。此外，对综合指数和分指数进行排序，可以看出每个城市的优劣。

7.5 山西省创新型城市指数评价结果

创新型城市综合指数和分指数的排名情况见图7.2和表7.7。

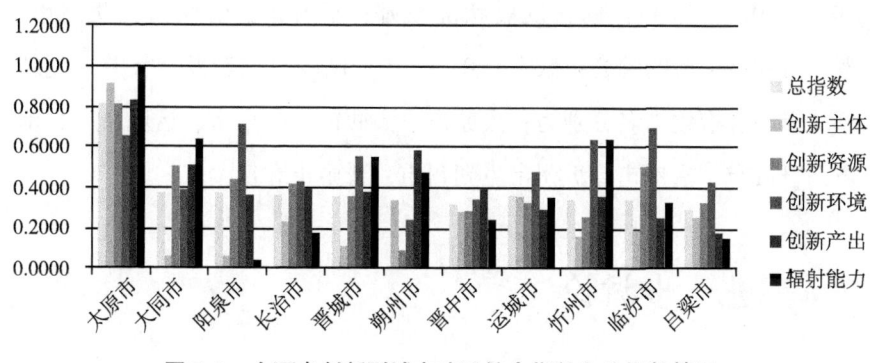

图7.2 山西省创新型城市建设综合指数和分指数情况

表7.7 山西省创新型城市综合指数和分指数的排名

城市	总指数	排名	创新主体指数	排名	创新资源指数	排名	创新环境指数	排名	创新产出指数	排名	辐射能力指数	排名
太原市	0.8106	1	0.9144	1	0.8092	1	0.6595	3	0.8323	1	0.9999	1
大同市	0.3760	2	0.0605	10	0.5050	2	0.3892	10	0.5121	2	0.6356	2
阳泉市	0.3712	3	0.0155	11	0.4423	3	0.7123	1	0.3621	7	0.0377	10
长治市	0.3627	5	0.2337	5	0.4193	4	0.4289	8	0.3956	5	0.1749	7
晋城市	0.3585	6	0.1088	8	0.3610	5	0.5560	6	0.3809	6	0.5493	3

续表

城市	总指数	排名	创新主体指数	排名	创新资源指数	排名	创新环境指数	排名	创新产出指数	排名	辐射能力指数	排名
朔州市	0.3374	9	0.0917	9	0.2405	10	0.5889	5	0.4767	3	0.0000	11
晋中市	0.3258	10	0.2825	3	0.2905	8	0.3440	11	0.3986	4	0.2402	6
运城市	0.3644	4	0.3568	2	0.3310	6	0.4784	7	0.2929	9	0.3541	4
忻州市	0.3416	8	0.1595	7	0.2556	9	0.6365	4	0.3570	8	0.0450	9
临汾市	0.3440	7	0.1906	6	0.2356	11	0.6991	2	0.2530	10	0.3265	5
吕梁市	0.2922	11	0.2549	4	0.3287	7	0.4289	8	0.1765	11	0.1509	8

从评价结果可以看出太原市综合指数在 [0.8, 1) 区间，创新发展良好；大同市、阳泉市、运城市、长治市和晋城市的综合指数在 [0.35, 0.8) 区间，创新发展状况较好；临汾市、忻州市、朔州市、晋中市和吕梁市的综合指数在 (0, 0.35) 区间，创新发展较差。创新型城市综合指数排名分别为：太原市、大同市、阳泉市、运城市、长治市和晋城市、临汾市、忻州市、朔州市、晋中市和吕梁市。

7.6 进一步讨论

运用比较分析的方法，根据上述评价结果，结合 11 个地市二级指标的得分排名情况（表 7.8 和表 7.9），分别从城市的角度和指标的角度对评价结果进行讨论分析，可以得出如下结论。

表 7.8 山西省 11 个地市创新型城市二级指标排名

指标	高校、研究机构	企业	技术资源	产业资源	政策环境	文化环境	知识成果	经济效益	业态转型	可持续发展	辐射能力
太原市	1	1	1	1	2	4	1	4	1	6	1
大同市	8	10	2	7	9	11	7	2	2	2	2

第7章 山西省省级创新型城市的综合评价

续表

指标	高校、研究机构	企业	技术资源	产业资源	政策环境	文化环境	知识成果	经济效益	业态转型	可持续发展	辐射能力
阳泉市	10	11	3	10	1	3	11	5	5	9	10
长治市	3	5	5	2	8	9	3	6	8	4	7
晋城市	7	8	7	4	3	8	8	3	9	7	3
朔州市	11	9	10	6	4	5	10	1	7	1	11
晋中市	2	4	8	8	11	6	5	7	4	8	6
运城市	6	2	4	9	5	10	2	10	3	11	4
忻州市	5	7	6	11	7	2	9	8	6	3	9
临汾市	4	6	11	3	6	1	4	9	10	10	5
吕梁市	8	3	9	5	10	7	6	11	11	5	8

表7.9　山西省11个地市创新型城市次分类指数得分

指标	高校、研究机构	企业	技术资源	产业资源	政策环境	文化环境	知识成果	经济效益	业态转型	可持续发展	辐射能力
太原市	1.0000	0.8716	0.7310	0.9656	0.8000	0.5190	1.0000	0.7913	0.9997	0.5381	0.9999
大同市	0.0224	0.0795	0.6254	0.2643	0.5000	0.2784	0.0620	0.8768	0.3629	0.7468	0.6356
阳泉市	0.0191	0.0137	0.6162	0.0942	0.8800	0.5446	0.0000	0.7791	0.2686	0.4007	0.0377
长治市	0.1253	0.2878	0.3720	0.5139	0.5400	0.3179	0.1081	0.7531	0.1491	0.5722	0.1749
晋城市	0.0489	0.1387	0.3173	0.4484	0.7000	0.4119	0.0442	0.8255	0.1484	0.5055	0.5493
朔州市	0.0116	0.1317	0.1970	0.3275	0.6800	0.4977	0.0066	0.9681	0.1549	0.7771	0.0000
晋中市	0.1893	0.3290	0.3271	0.2171	0.2000	0.4880	0.0908	0.7512	0.2767	0.4756	0.2402
运城市	0.0647	0.5028	0.4241	0.1447	0.6400	0.3168	0.1448	0.4717	0.3147	0.2405	0.3541
忻州市	0.0680	0.2052	0.3699	0.0270	0.5400	0.7329	0.0225	0.5971	0.2245	0.5839	0.0450
临汾市	0.0722	0.2499	0.1291	0.4487	0.6000	0.7983	0.0909	0.4948	0.1429	0.2834	0.3265
吕梁市	0.0224	0.3712	0.2833	0.4194	0.4400	0.4178	0.0644	0.0962	0.0038	0.5415	0.1509

(1) 综合指数排名第一的城市存在短板

从综合指数排名上可以看出，太原市的创新型城市建设状况明显好于其余地市。太原市于2010年申请国家级创新型城市试点成功，经过5年的努力，在创新型城市的各要素上明显超过一般的城市。但是通过仔细观察，太原市的创新型城市建设并不是在所有方面都做到了第一。可持续发展方面排名比较靠后，这也导致了在整个创新产出指数降低，说明太原市在发展经济的同时，忽视了对环境的保护，造成了一定的资源浪费，这是太原市发展的一个短板。创新环境指数为0.6595，排名第三，政府政策的引导和创新文化环境需要进一步加强。

(2) 第二层次的城市地理位置上从南到北都有分布

从山西省各地市的地理位置上由北向南可以把山西省分为三大块，北部是大同市、朔州市和忻州市，中部有太原市、吕梁市、晋中市和阳泉市，南部是长治市、临汾市、晋城市和运城市。从总指标排名上看，排名靠前的城市有太原市、大同市、阳泉市、运城市和长治市。不难发现，这几座城市并不是聚集在一起，而是分布于山西省的中部、北部和南部，中部城市是太原市和阳泉市，北部城市是大同市，南部城市是运城市和长治市。

(3) 第二层次的城市有较为突出的要素或者发展特点

如图7.3所示，大同市在创新资源、创新产出和辐射能力方面都有不错的基础，在5个城市里均排第一。阳泉市在5个城市中分指数的排名波动是最大的，创新环境建设最佳，创新主体和辐射能力指数最弱，创新资源和创新产出指数处于中等水平。运城市各构成要素发展比较均衡，相比较而言，创新主体建设走在全省前面。晋城市和长治市整体来说处于中等偏上的位置，各要素比较均衡。细看二级指标数值，大同市、阳泉市和运城市在创新资源方面占有一定的优势，投入了较多科技资源；长治市和晋中市有生态环境的优势（图7.3）。

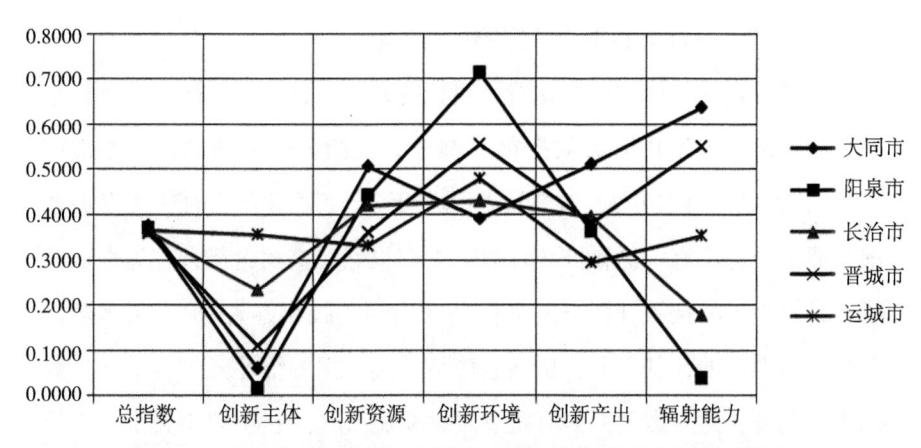

第7章 山西省省级创新型城市的综合评价

图7.3 大同市、阳泉市、运城市、长治市和晋城市创新型城市建设总指数和分类指数对比

(4) 创新型城市综合指数靠后的城市仍具有发展潜力

从二级指标数值来看，朔州市经济效益和可持续发展全市排名第一；晋中市高校和研究机构指标全市排名第二。

(5) 高等学校、企业等指标数值不高

从指标上看，高等学校、企业、产业资源、知识成果和业态转型几个指标数值除太原市外，其余城市的指标值不超过0.6，说明山西省其余城市在这几方面很薄弱。

根据以上分析，提出以下五点对策建议。

(1) 山西省创新型城市可以分步进行培育

根据综合评价结果，可以将山西省创新型城市的建设分步进行。将综合指数排名靠前的城市作为第一批培育对象。从北到南均设试点，首先重点发展第一批城市，然后工作重心转到第二批城市。第二批创新型城市建设不仅可以借鉴前一批城市的发展经验，而且能够享受前一批城市创新发展的辐射带动，使山西省整体创新型城市建设有效完成。而且，也符合山西省城市发展战略中提出的首先部署建设5个省级创新型试点城市的目标。

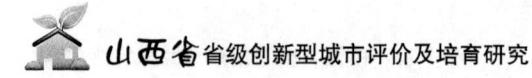

(2) 建立系统的数据库并完善使用机制

本书在查找数据过程中花费了很长的时间,且有的只能采用替代指标,因为山西省地市有关数据很不健全。山西省内相比较,太原市有《太原市科技统计公报》,比较全面地统计了太原市有关的科技发展情况,而其余地市有关的科技统计数据没有很好的查找途径,较为全面的描述其余地市科技统计数据的书目是《山西科技年鉴》,但是很多数据都是描述性质的,基于此,山西省应该落实数据的统计工作,并建立数据库。此外,建立数据的公开机制,并实施公开。在访问相关工作人员的过程中,发现一些数据是不公开的,但是这些数据并不需要保密。随着多媒体、社会网络的兴起,社会的数据量呈指数型增长,全球进入以数据为核心的大数据时代。数据与经济发展、政府治理和社会管理等方方面面有着密切的联系,美国有数字政府战略,利用政府部门数据在政府治理和社会管理方面取得成果;英国提出"数字英国"的战略,提升政府透明度,推动科学研究创新。山西省可以借鉴,"激活"本省的数据。数据本身不具有价值,只有通过治理而从分散、无序"碎片化"的数据中挖掘出有用的数据价值后,才能变成有效的资产,才能转变为竞争力、服务和创造力。这些的第一步必须建立完善的数据库,拥有了数据,才可以进行下一步工作。

(3) 注重基础教育以及人才培育、引进和使用

山西省各城市的高等学校,数量上较少,质量上不出众;拥有的技术人才比较匮乏。建设创新型城市,核心是创新,关键是人才,特别是高端科技人才。国家的强盛依靠人才,城市的发展也离不开人才。山西省要走创新发展之路,必须高度重视创新人才的聚集。人才在经济转型中的作用也显得更为重要,真正做到发挥人才在创新中的核心作用,一方面,积极推进教育体制改革,要创新本土人才成长任用的体制环境,注重基础教育,从根本上改变传统的应试教育方式,不搞填鸭式教育,

第 7 章 山西省省级创新型城市的综合评价

探索实施教学管理自主化和个性化，将学生的学习积极性调动起来，学习潜力、创造力激发出来；另一方面，制定创新驱动人才激励政策。

(4) 选择少数几个具有潜力的产业推动技术进步

分析发现山西省大部分城市在业态转型上的数值比较低，产业资源比较匮乏。传统产业是新兴产业的基础，不应放弃传统产业的投入，应该引进先进的技术和人才，改正传统产业中出现的问题，提高传统产业的价值。另外，应该积极培育新兴产业。城市的基础弱，可以选择少数甚至一个产业作为主要培育对象。各市依据自己的实际情况从煤炭及煤层气、电力及新能源、新材料、装备制造、电子信息、节能环保、新能源汽车、生物医药、现代农业、文化旅游等新兴产业里选择具有潜力的少数几种作为重点产业，加强技术投入，以实现产业创新。

(5) 加强企业在创新主体中的地位

山西省大部分城市在企业这个指标上和太原相差太大。依靠创新带动城市发展的主体最重要的是企业，这就要求各城市鼓励成立高新技术企业、科技型中小微企业等。另外，山西省的企业缺乏创新活动。在建设实验室、工程（技术）研究中心、企业技术中心的同时，要制定相应的机制，落实 R&D 活动的真正开展，提高知识的创新产出，不能浪费有关科技创新活动的人才和经费。

第 8 章　山西省省级创新型城市培育的对策建议

8.1　山西省省级创新型城市发展模式

"十二五"以来，在中共中央、国务院的正确领导下，山西省经济社会发展取得了积极成效。山西省大力推动创新驱动发展战略，制定出台了科技创新体系建设、创新驱动发展行动计划、低碳创新行动计划和煤基科技攻关指南，科技创新型城市建设起步，煤基低碳科技重大专项启动，科技投入不断增加，取得了不错的成绩。山西省创新型城市的建设既要立足当前省内经济结构基础，又要谋长远，发展模式的规划应具有科学性、前瞻性、战略性。基于此，山西省省级创新型城市的建设应由以政府为主导的政策带动型创新型城市，逐渐转变成以企业为主导的创新产业聚集型创新型城市。

创新型城市发展的初期一般是由政府制定明确的创新型城市发展战略，由政府自上而下推行，创新型城市的这种建设模式是由于工业城市的逐渐没落，高新技术产业的崛起而引发的，政府在整合创新资源上起

第8章　山西省省级创新型城市培育的对策建议

到了关键的作用,从而逐渐形成由政府主导、政策带动型的创新型城市。

当前阶段,以政府为主导建设创新型城市,就要在传统工业制造业基础上,制定以激励创新为核心的产业政策,发展高技术制造业、知识密集型服务业、创意产业,同时,要以不同城市和区域的功能定位和自身特色为依据,选择所依托的关键产业和技术,实现创新活动有效转化为区域经济发展的引擎,以产业的发展带动城市经济的转型,促进地方经济的发展。

在对山西省经济结构优化调整的同时,必须重视创新软环境的建设,这就要求政府以企业的发展需求为导向,对涉及企业发展的科技活动的组织与管理、科技成果流通、知识产权、环境保护、标准化、人才、资金等各方面构建完善的制度和法律体系,长远地、稳定地支持企业的发展。比如在对创新创意型产业实行积极的知识产权保护方面,应在服务、管理、执法和教育等方面出台知识产权保护措施。在服务方面,其核心是对专利、商标和设计等登记注册。建立网上商标和网上专利系统,可以方便注册申请,提高工作效率,为申请人提供便捷的"一站式"服务。在管理方面,出台有关法律法规,对知识产权代理人应具备的资格、资格申请程序、从业执照的获取以及从业行为等都做出明确的规定,这样既可以活跃科技中介市场,也可以为技术发明人提供专业化的服务,加强专利信息传播,延伸专利信息的交流平台。在执法方面,加大对盗版行为的打击力度。在教育方面,在学术、公众、商务及公共管理等部门开展增强知识产权保护意识、专业人才培养和专利管理等系列教育活动。

随着创新型城市建设的持续,政府会逐渐将工作重点转移到营造亲商投资环境、培育尖端技术、塑造产业集聚方面,政府主导创新型城市发展的角色逐渐淡化。通过前期政府对创新型城市建设规划战略的支持，城市重点发展某些产业领域，城市创新系统内聚集了多个产业，而产业聚集的基本单位是企业。技术、资金等因素集中在某些技术领域，城市内的企业高度分工并技术精专，大量同质化的企业竞争产生产品价格的下降，同一产业链上的企业关系密切，产业技术链不断延伸。依赖于创新产业带的聚集效应，创新产业聚集型创新型城市形成并发展。此时，以企业为主体的创新活动成效显著，企业在产学研间的创新主导地位更加突出。因此，创新产业聚集型创新型城市是区域经济的中心，城市以高科技产业为主，围绕科技产业相关的配套产业，科技服务业和金融产业发达，在区域内形成高新技术产业的高度聚集。创新产业聚集是对工业化城市时代重工业及劳动密集型产业的代替，也是克服一般工业化城市种种弊病的必然选择。

产业聚集型的创新型城市往往依赖当地的区位优势形成产业群体，在研发上可能并不处于领域的前端，但是由于在地理位置、劳动力市场、原材料产地或者是科技政策上拥有便利从而形成创新的区位优势。因此，资助长期性战略科研项目，优先考虑在一些选定的战略性领域建立起核心研发能力，吸引并培养大批科研人才，长期持续地进行尖端的研究活动是政府的作用所在。

8.2 创新型城市建设的主要任务

8.2.1 科学技术创新

（1）提高关键技术研发能力

新一代信息技术引领未来制造业发展成为全球共识，实现"智能制造"，提升效率，是未来制造业发展的新方向和经济增长点。要抢占信息

第8章　山西省省级创新型城市培育的对策建议

技术和制造业的深度融合的未来产业竞争的制高点，必须推动新一代信息技术与制造技术融合发展，把智能制造作为工业化与信息化深度融合的主攻方向，作为实施制造强省的主线和关键。研究制定智能制造发展战略，明确发展目标，重点任务和重大布局。促进工业互联网、云计算、大数据在企业研发设计、生产制造、经营管理、销售服务等全流程和全产业链的综合集成应用。抓住智能制造装备这个关键领域，把推进智能制造的重点聚焦到着力发展为实现智能制造所必不可少的装备和关键装置上。在重点领域试点建设数字化车间，加快人机智能交互、工业机器人、智能物流管理、增材制造等技术和装备在生产过程中的应用，促进制造工艺的仿真优化、数字化控制、状态信息实时监测和自适应控制。

发挥山西省内科研院所、高等院校的基础作用和行业骨干企业的主导作用，开展政产学研用协同创新，攻克对产业竞争力整体提升具有全局性影响、带动性强的关键共性技术。为加强行业关键共性技术研发，可建立省级工程技术研究总院，其主要任务是承担行业技术标准、关键共性技术的研发。为促进产学研结合，鼓励研究总院与地方政府、大中型企业、行业协会、大专院校合作，通过共同研发，提高行业及地方的产业技术创新能力。强化企业技术创新主体地位，支持企业提升创新能力，发挥国家技术创新示范企业的创新引领作用，鼓励和支持企业技术中心建设，充分吸纳企业参与省市科技计划的决策和实施。

（2）提升创新设计能力

在装备制造业、战略性新兴产业、现代服务业等重点领域开展创新设计示范，全面推广应用以绿色、智能、协同为特征的先进设计技术。培育一批专业化、开放型的工业设计企业，鼓励代工企业建立研究设计中心，鼓励企业构建各具特色的创新设计重点实验室、工程技术中心等公共技术服务支撑平台。设立基金，鼓励引导金融投资机构投资创新设计与创新产业，促进以企业为主体的产学研创新设计联盟。增加政府在

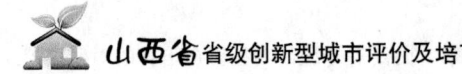

创新设计方面的投入和对创新设计的扶持，尤其是转化应用和公共平台的建设，进而影响社会、市场和企业，使得全社会都重视、尊重、支持和参与创新设计。开展各类创新设计教育，设立工业设计奖项，激发全社会创新设计的积极性和主动性。鼓励科研院所、高等院校与相关企业合作成立专业设计服务企业，加强研发设计领域共性和基础性技术研发。在特色产业集群优势明显、研发设计服务需求迫切的重点地区，依托产业基地建设一批研发设计公共服务平台，通过扶持一批高水平设计企业，提升当地产业的产品研发设计能力。

（3）提高科技成果的产业化能力

围绕省市产业发展急需突破的关键技术，加速区域内企业与国内外高校、科研机构、企业对接转化一批具有重大产业化前景的高新技术成果，实现院所与地方、企业在项目、技术、人才和工作上的深度合作，促进院校成果产业化、本地化。

完善科技成果转化协同推进机制，引导"政产学研"，按照市场规律和创新规律加强合作，鼓励企业和社会资本建立一批从事技术集成、熟化和工程化的中试基地。

完善促进技术转移和科技成果产业化的运行机制，建立完善科技成果信息发布和共享平台，可在产业集中度较高或具有一定产业优势的地区构建为中小企业提供技术开发、试验、推广及产品设计、加工、检测等公共技术支持系统。

鼓励和引导企业以合作研发推广、课题项目委托、难题公开招标、技术成果交易、技术要素参与股权投资与收益分配、共建研发机构、联合投资创办科技型企业和高新技术服务型企业等多种形式的国内外产学研合作，探索建立产学研合作的投入机制和利益分配机制，推动事业单位科技成果使用、处置和收益管理改革，健全科技成果科学评估和市场定价机制。

(4) 加强创新平台体系建设

建设以提供研究开发前沿性技术、重大共性和关键技术为主的技术研发平台。要建立加强以企业为主体、市场为导向、产学研用紧密结合的技术创新体系建设，增强企业主导产业技术进步的能力，充分发挥企业技术中心在产业技术进步中的主力军作用，同时要密切联合政府、大学、科研机构以及企业等各方力量，优势互补、高效整合各方技术资源则是行业技术研发平台建设的有效形式。

建设以提供检测、试验条件为主的检测实验平台。检测、试验平台是创新体系的重要组成部分，是服务于社会科技进步与技术创新的基础支撑体系。平台的建设务必做到检测、试验资源的共享，建成资源公开、共用平台，为科研创新、产品研发和评定、维护公平与构建和谐社会以及政府施政和决策提供信息服务。

建设以提供科技文献、标准、情报等信息服务为主的科技信息平台，形成面向产业需求，信息资源丰富、权威，运行规范，使用便捷，统一、协调的科技信息服务网及科技信息服务节点，推进科技管理服务创新，使科技信息为推进科技成果的应用与转化服务、为企业发展服务、为社会经济发展服务。

建设一批省级科技成果中试基地和科技成果转化平台，完善创新科技成果转化政策体系，加快培育科技中介服务机构，满足更多的创业需求。同时引导和鼓励各地推进孵化器建设进程，营造有利于发展高新技术的创业环境，助推区域科技创新，把科技成果转化平台建设作为提升科技创新能力，培育新经济增长点的重要平台。

8.2.2 产业发展创新

(1) 改造传统产业，推进传统产业的创新和绿色化发展

对于山西省的传统产业，需要加快淘汰落后技术，化解过剩产

能，加快产能过剩行业和高污染行业的重组与整顿，严格控制相关企业的新增产能，应以产品创新为主导，以工艺创新为手段，提高产业的创新能力。充分利用传统行业中已有的高新技术、发展高端制造业和战略性新兴产业，研发新材料、推出新产品，创造新的管理与生产模式，提高产业的竞争力。

加快制造业绿色改造升级，支持企业开发绿色产品，推行生态设计，大力研发推广余热余压回收、水循环利用、重金属污染减量化、有毒有害原料替代、废渣资源化、脱硫脱硝除尘等绿色工艺技术装备。

建设绿色工厂，实现厂房集约化、原料无害化、生产洁净化、废物资源化、能源低碳化，提高制造业资源利用效率。发展绿色园区，推进工业园区产业耦合，实现近零排放。打造绿色供应链，加快建立以资源节约、环境友好为导向的采购、生产、营销、回收及物流体系。全面推行循环生产方式，促进企业、园区、行业间链接共生、原料互供、资源共享。

强化绿色监管，健全节能环保法规、标准体系，加强节能环保监察，推行企业社会责任报告制度，开展绿色评价。

（2）促进高新技术产业的集聚发展

山西省在新能源、新材料、生物医药、节能环保、装备制造等方面既有市场需求，又有资源、产业优势，为相关高新技术产业发展提供了广阔空间。结合资源和技术优势，重点建设若干产业基础稳固、产业联动性强、产业链条完整的高新技术产业园区和基地，加快电子信息产业转型升级，培育壮大新材料、新能源、生物、先进制造、节能环保等战略性新兴产业，做大做强高技术服务业，促进产业集聚，推进高新技术产业的新发展。

继续推进太原都市圈高新技术产业的创新发展，山西科技创新城的建设将为山西省煤基、低碳产业发展提供强有力的科技创新支撑，继续

第8章 山西省省级创新型城市培育的对策建议

支持太原高新技术产业开发区建设现代煤化工研发基地、物联网应用示范基地、创意产业基地、软件产业基地；继续太原经济技术开发区建设能源装备产业示范基地、煤机装备特色产业基地、新材料高新技术产业化基地。重点支持大同、长治建设太阳能光伏示范园区，支持晋南建设高性能钕铁硼永磁材料及元器件产业基地，充分发挥长治高新技术产业开发区、长治LED光电产业园区的作用，集中发展新型煤化工、新能源、生物、节能环保产业。

（3）促进产业创新链的高端化发展

通用设备制造业、专用设备制造业、交通运输设备制造业、电子及通信设备制造业等高端领域产业是山西省工业转型的新兴产业，这些产业近几年发展良好，表明山西省装备制造业取得了明显的进步，通过加强政策引导和支持力度，加快壮大装备制造等优势产业，实现产业结构多元化、合理化、高端化拓展，建设全国重要的现代制造业基地。

鼓励企业追求卓越品质，制定和实施与国际先进水平接轨的制造业质量、安全、卫生、环保及节能标准。引导企业制定品牌管理体系，形成具有自主知识产权的名牌产品，围绕研发创新、生产制造、质量管理和营销服务全过程，提升内在素质，夯实品牌发展基础。

推动发展服务型制造，引导和支持制造业企业延伸服务链条，从主要提供产品制造向提供产品和服务转变。鼓励制造业企业增加服务环节投入，发展个性化定制服务、全生命周期管理、网络精准营销和在线支持服务等。支持有条件的企业由提供设备向提供系统集成总承包服务转变，由提供产品向提供整体解决方案转变。

加快生产性服务业发展，大力发展面向制造业的信息技术服务，提高重点行业信息应用系统的方案设计、开发、综合集成能力。加快发展研发设计、技术转移、创业孵化、知识产权、科技咨询等科技服务业，提高对制造业转型升级的支撑能力。

(4) 发展新兴产业、培育新生业态

大力促进新材料、新能源、新型煤化工、高端装备、生物产业绿色低碳发展，打造高新技术产业新的经济增长极。探索新一代互联网技术条件下的服务模式。积极推进精细农业、工业智能生产、交通物流、电网、金融、医疗卫生等领域物联网服务示范。积极支持云计算与物联网、移动互联网等融合发展，催生基于云计算的在线研发设计、教育医疗、智能制造等新业态在疾病防治、灾害预防、社会保障、电子政务等领域开展大数据应用示范。积极推动高新技术与传统产业的融合渗透，重点支持由网络技术和通信技术催生的新生业态。

着力提高服务业增加值占 GDP 的比重。支持、培育包括信息服务、科技服务、文化创意、策划咨询、服务外包、第三方物流、现代旅游、现代商务等基于现代化新技术、新商业模式改造提升传统服务业而产生的新型服务业态的发展。

以"互联网+"为驱动推进经济社会创新发展。制定推动"互联网+"多方面发展的创新战略。促进互联网与各产业融合创新，在技术、标准、政策等多个方面实现互联网与传统行业的充分对接，推动"互联网+金融""互联网+交通""互联网+医疗""互联网+旅游"等新业态发展。推动全社会对互联网平台的广泛应用，推动经济社会发展与进步。推进"互联网+公共服务"模式，鼓励政府利用新媒体、社交网络等互联网平台建立"智慧城市"的管理体系和服务体系。同时，政务民生服务平台应该本着开放的原则或与各企业主体合作，分类别分阶段开放相关数据和接口，降低企业进入成本与运营成本，并鼓励与引导成功案例的倡导与实施。

(5) 推进科技服务业发展，促进科技创新和成果转化

2015 年 12 月 5 日，《山西省人民政府关于推进科技服务业发展的实施意见》出台，山西省将紧密围绕煤与非煤重点产业发展需求，重点

在研究开发、技术转移、检验检测认证、创业孵化、知识产权、科技咨询等方面，提供专业科技服务和综合科技服务，提升科技服务业对山西省科技创新和产业发展的支撑能力。

当前，山西省科技服务业规模仍然较小，但是必须要推动科技服务业的发展，因为通过科技服务业的应有功能，可以把创新全链条的新兴业态都串联起来，使其服务支撑对于科技创新以及产业发展起到非常积极的、正面的促进作用。要做到这些，在今后一段时期内，应充分发挥山西科技创新城和太原国家高新技术产业开发区的功能，创建科技创新资源、创业孵化、科技金融等科技服务平台，努力形成以企业孵化为核心的全省科技创新创业服务体系。重视在创新2.0下的"互联网+"新形态，引导和支持在计算机、通信、电子、软件、自动化等领域具有技术积淀和行业背景的科技企业创新业务模式，借力移动互联网、云计算、大数据和物联网，形成科技服务的新业态。

8.2.3 体制机制创新

（1）完善政府管理服务体制，为创新主体的创造过程提供服务

要从生产型政府向服务型政府转变，特别是地方政府要从政策优惠竞争转移到营商环境竞争，形成有利于新动力培育的政府治理体系。随着主导产业转变，过去地方政府通过优惠政策招商引资，依靠规模扩张和要素投入驱动的模式已经不适应新的要求。而经济发展对政府服务的需求不断增加，这需要政府的职能和工作重心进行相应调整，实现从生产型政府向服务型政府的转变。发挥政府在软环境建设中的作用，扮演好市场监管的角色，打造国际化、市场化、法制化的创新和创业环境，为所有的市场主体提供优质、高效的公共服务。

政府虽非创新主体，但却是推动科技创新网络链接的重要力量。在优势领域及有发展潜力的领域，政府需要整合科技、产业、教育界力

量，形成具体的"创新战略""行动规划"等，明确分布在各重要领域、交叉领域的"关键技术"，以及对每一领域确定一些"前瞻性项目"，政府要采取多种措施，引导科技创新和经济发展实现紧密结合。强化产业化优势，加快创新企业孵化器、加速器和国家产业基地建设，以及交易平台和投资服务平台建设，促进创新产业和创新资本良性互动，提高政府为促进产业发展提供服务的能力。

深化政府科技管理体制改革，完善政府科技管理决策程序，健全听证公示、社会咨询、专家论证和效果评估制度，提高创新决策的科学化、民主化水平，提高政府为促进科技创新提供创新服务的能力。

省市政府应以优化现有科技资源配置为主线，围绕主导产业、优势产业、产业集群，以实施重大科技项目为契机，做好省、市科技创新公共服务平台的建设工作，逐步建立健全公共服务平台监督、考核、管理机制，保障科技创新公共服务平台的健康发展。

政府应简政放权，保证不越位和不错位，为"大众创业、万众创新"腾出空间，政府应着眼于创新创业者的需求，加强顶层设计，建立诚信经营、公平竞争的市场环境。加强政府各部门之间的政策协调，形成支持创新创业的政策措施，保证各项政策之间的连贯性和统一性。设计好以及落实好鼓励创新创业的税费减免、小额担保贷款、资金补贴、土地安排等扶持政策。

(2) 完善创新金融服务体系，为创新活动做好科技金融服务

大力培育和发展服务科技创新的金融组织体系，鼓励科技信贷产品创新，加快推进服务模式创新，不断增加对科技创新的金融服务供给，推动金融与科技深层次融合，强化银行等金融机构对创新型城市建设的服务功能。要发挥金融在创业创新中的引导和促进作用，在确保资金安全的前提下，全方位、多角度、多维度地提供金融支持。

为推动创新、支持创业，中央政府设立了国家新兴产业创业投资引

第8章 山西省省级创新型城市培育的对策建议

导基金,重点支持处于起步阶段的创新型企业。山西省要发展电子信息、生物制药、光机电一体化、新材料、新能源、煤化工、节能与环保产业及现代农业等高新技术领域,在新时期内省级引导基金应合理引导资金流向,撬动更多的社会资本进入高新技术行业,在促进经济转型升级上起到杠杆的作用。各地市要创新投融资方式,充分运用财政、金融和资本市场对企业发展的巨大推动作用,改革财政专项资金的支持方式,支持科技型小微的创业创新。设立互联网金融发展资金,吸引民间资本参与,为小微企业提供多元化的融资渠道和途径,解决小微企业融资难的问题。设立小微企业创业基金,投向新兴的、具有巨大竞争潜力,但缺乏资金的初创小微企业,缓解企业资金压力,帮助其发展。强化对小微企业的增信服务,建立完善的小微企业信用信息库,加快小微企业信用征集、评级、通报制度建设,建立针对小微企业的信用评审机制。建立"小微企业—信息和增信服务机构—商业银行"利益共享,风险共担新机制,解决小微企业融资过程中信息不对称、信用缺失问题。

积极发展为科技创新服务的非银行金融机构和组织。大力推动金融租赁公司等的规范发展,为科技企业、科研院所等开展科技研发和技术改造提供大型设备、精密器材等的租赁服务。完善股权、产权、知识产权交易体系,大力培育上市资源,推动创新型企业上市融资。积极发展债券市场,推广集合型发债模式,支持创新型企业发行企业债券,扩大债券融资规模。健全社会信用服务体系,完善自主创新担保和再担保体系。积极推动产融结合,支持符合条件的大型科技企业集团公司按规定设立财务公司,强化其为集团内科技企业提供金融服务的功能。适应互联网金融发展趋势,积极探索网络金融服务小微企业的新模式。

(3) 完善科技合作机制,扩大科技合作与交流

科技合作是开放式建设创新型城市的重要途径。加强与发达省市间

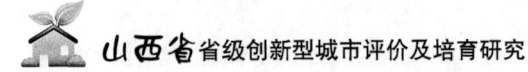

的学习与交流，积极融入"环渤海"经济圈，开展区域协同创新，实现互利共赢。加强与京津冀等地的科技合作，推动与其他省市间实现科技资源共享，促进实现人才、研发、服务、产业等资源的融合互动。

吸引国内外科技创新主体来山西创办各种形式的创新机构，支持本省企业、高等院校和科研机构参与国内外科技交流和合作，鼓励其"走出去"建立研发机构。扩大境外合作交流，鼓励和支持有条件的企业到境外设立、兼并和收购研发机构，支持企业与境外研发机构开展产学研合作，引进或共建分支研发机构等创新载体，探索建设国际联合研究中心、国际技术转移中心。

继续进行省级协同创新中心的培育组建工作，协调整合省内相关资源，推进组建实质性的协同创新体，完善协同创新组织管理机构和规章制度，推进政产学研用融合互动的科技合作。

（4）完善创新激励机制，重视知识产权管理，加强创新保护

完善创新激励机制，鼓励技术、知识等创新要素参与分配，科技成果完成者和转化实施者，可以根据科技成果转化的不同方式以奖励、股权、期股（权）等方式参与收益分配。完善职务发明制度，优化研发机构与创新人员的利益格局，以人为本，加大创新收益对项目承担研究团队和人员的倾斜力度，如对利用财政资金设立的高等学校、科研院所，应将职务发明成果转让收益在重要贡献人员、所属单位之间合理分配。建立促进国有企业创新的激励制度，对在创新中做出重要贡献的技术人员实施股权和分红权激励，调动科研人员创新积极性。

加强制造业重点领域关键核心技术知识产权的管理工作，鼓励制造企业科学地申请、管理、运用和保护知识产权，构建产业化导向的专利组合和战略布局，提高企业知识产权管理、利用和运营水平。支持组建知识产权联盟，推动市场主体开展知识产权协同运用。研究制定降低中小企业知识产权申请、保护及维权成本的政策措施。

第8章 山西省省级创新型城市培育的对策建议

健全知识产权保护机制，提高全社会知识产权保护意识，联合打击侵权行为，规范市场秩序。扶持各类知识产权优势企业，对以创意设计、工业设计、软件、数据库、动漫游戏等以原创作品为基础的产业领域，扶持一批骨干版权企业，培育若干"版权兴业"示范基地。

结合各地实际，继续做好国家知识产权强县工程、国家知识产权试点城市的培育与申请工作，高度重视知识产权管理工作，加强管理体系建设，不断加大对县（区）、城市的支持力度，确保知识产权工作为创新主体提供切实的服务。

（5）塑造有助于扶持创业创新的体制机制

结合国家、省、市产业政策导向和区域产业发展方向，通过市场化运作，引导创业者和民间资本进入实体经济，围绕众创空间、小企业创业基地、科技孵化器、商贸企业集聚区、微型企业孵化园等载体，建设一批示范基地试点。提升示范基地试点综合服务功能和孵化能力，降低小微企业经营成本和运营风险，起到示范引领作用。开展创业券、创新券试点工作，引导小微企业加强与高等院校、科研机构、技术服务机构及大型科学仪器设施共享服务平台的对接，为小微企业提供社会培训、管理咨询、检验检测、软件开发、研发设计等服务。

增加国家级和省级实验室、工程技术中心向社会开放的力度。为更多创新主体提供有效的装备和环境支持，提升中小企业的实验条件和降低研发成本，在不改变创新成果的产权属性的前提下，大幅度提高创新成果的质量和水平，并支持创新活动自身的差异化。

鼓励科研院所、高等院校和国有企事业单位的科技骨干创办民营性质的科技服务企业，在一定期间保留职称，档案工资正常晋升。对重点创业群体，如科技型人才、大学毕业生，可以设立自主创业支持项目，由政府或科技管理部门择优资助。鼓励国有孵化器实行组织创新和机制创新，支持孵化器及其管理人员对在孵企业持股，采用持股孵化等激励机制，充分调动从业人员的积极性。

创业伊始的高新技术企业通常没有盈利，考虑在营业税、增值税等方面进一步给予优惠措施，降低小微企业申报国家级、省级高新企业的认定门槛，可以科技含量、专利创新作为主要的认定标准，同时引入第三方机构对其进行评估。继续取消和下放行政审批事项，全面清理所谓的非行政许可，推进市场准入的负面清单制度，为市场主体松绑、减负。实施创新项目计划，设立专项基金，或者实施以创业企业为对象的政府采购政策，以解决创业企业的市场进入问题。

（6）塑造有助于促进居民消费的体制机制

为了适应经济增长将更多依靠居民消费增长的转变，以及使居民消费的作用得到充分发挥，需要通过加快医疗、教育改革和完善社会保障体系，解除居民消费的后顾之忧，增强消费意愿。降低不合理成本和总体价格水平，降低居民支出的不确定性，以提高居民消费能力、扩大内需、促进经济增长。不断努力改善消费环境，丰富和完善相关政策，加强产品质量监管、打击假冒伪劣、防范价格欺诈和维护消费者权益，提高居民消费信心。当前，新兴电子支付对于居民消费的影响和促进作用越来越明显，各种移动应用服务为广大企业提供了新的盈利模式，同时也让居民消费变得更加灵活方便。因此，政府各级相关部门及相关企业应当面向普通消费者和电子支付业务用户开展大力宣传，普及安全支付知识，传播安全支付文化，引导消费者安全使用电子支付产品和服务，切实保护支付消费合法权益，增强消费者对电子支付行业的信任。

8.2.4 社会文化创新

（1）提升公众的科技创新素质，培养青年人的创新创业意识

大力发展政府主导、社会参与的科普事业，加强科普设施建设，繁荣科普创作，增强公众科学素养。各级科协组织领导开展各类行之有效

第8章 山西省省级创新型城市培育的对策建议

的特色科普活动，大力普及科技、人文、文化知识，普及现代城市生产生活规范知识，促进城市融合、提升城市文明品质，丰富城市社会管理的载体和手段。

加强多方合作，实现资源整合，加强学校、政府、企业的多方联动，制定出台鼓励科研院所的科技人才到企业兼职兼薪的相关政策，鼓励企业和科研院所、高校联合培养研究生，加大对创新创业人才的培养力度。对有创业意向的大学生进行定向培养，并与试点基地合作，为创业者提供实训基地。通过以项目带动创业、以创业带动就业的方式，以特色产业为支撑，以龙头企业为引领，引导高校毕业生投身创业，为创业创新投入活力。

建立省市级创业资源项目库，对拟创业人员进行创业辅导，设立创业预科班、创业实训班、创业成长班，通过创业公开课、创业大讲堂、创业视频教学、专家咨询互动等培训模块，为有需求的小微企业创业者提供线上开放式、全要素的培训服务，支持各类创业创新大赛。打造多层次、专业化的青年创业导师团、咨询顾问团队，邀请优秀企业经营管理者、创业成功人士和创业相关领域各类专家为创业青年提供专业的咨询辅导，为科研成果转移转化提供知识产权评估、技术转移方案策划、市场推广营销等专业咨询与服务，切实降低创业风险和成本。邀请著名经济人物、青年创业先锋、青年企业家、IT精英、知名外企高管等担任主讲嘉宾，在山西省内各园区、高校、职校、社区等举办相关讲座。

(2) 营造激励科技创新的社会氛围

建立激发创新、引领创新、保护创新的体制机制，营造宽松的政策环境、宽容的人文环境，积极培育尊重创造、注重开放、敢冒风险、宽容失败的创新氛围，为创新型城市的建设奠定坚实的社会基础。

从基础教育抓起，开展求异思维、敢于突破、善于创意的教育，形成城市的创新教育机制。要通过科普基地、科技活动周、科普日等载体宣传科学知识、弘扬科学精神，培育市民的科学素养。要通过网络、电视等宣传媒体，加大对创业型城市、创新创业先进企业、创新领军人才、创新团队、重大科技成果的宣传程度，通过典型示范、舆论宣传等手段，弘扬"敢为人先、追求创新、百折不挠"的创业精神，营造"创业光荣、劳动光荣、创新光荣"的浓厚氛围，厚植创新文化，形成尊重知识、鼓励创新、大胆创造、宽容失败的社会氛围和舆论环境。

（3）提高城市管理水平，营造宜于创新创业的居住环境

加强市政设施运行管理、交通管理、环境管理、应急管理，完善产业集聚区治安、交通、教育、医疗等配套环境，建设国际化商务中心区和高标准国际住宅区，满足创新人才工作生活需要。鼓励市民参与城市管理并形成互动，加快智慧城市建设，建立标准化、精细化、高效率、以人为本的城市管理模式。深化社会事业管理体制改革，完善义务教育、就业服务、基本医疗、社会保险等社会基本公共服务保障体系，为创新创业活动提供优良的公共服务环境。力争把科技创新城打造成山西的科技特区、人才特区，优化、提升高新区，经济技术开发区，构筑"生态宜居环境"和"高科技产业内核"，不断提升城市内涵，形成乐业安居的环境。

第 9 章　山西省省级创新型城市培育的保障措施

山西省省级创新型城市培育的保障措施可以从以下六个方面入手。

①加强组织领导。各地区、各部门要充分认识建设创新型城市的重大意义，加强组织领导，健全工作机制，搞好政策衔接，在资金投入、项目建设、体制机制创新等方面给予积极支持，帮助解决创新型城市培育建设中遇到的重大问题。各地区要结合当地实际，研究制定具体实施方案，做好统筹协调，加强对创新型城市可持续发展工作的组织领导，出台配套政策措施，明确工作责任，确保各项任务落实到位。各创新型城市要加快制定实施方案，明确工作时序和重点，落实责任主体，建立和完善工作机制。

②加大财税政策支持力度。按照政府科技投入法定增长要求，保证科技经费的增长幅度高于财政经常性收入的增长幅度，逐步提高财政科技投入占国内生产总值的比例。设立创新型城市建设专项资金，加强省市现有科技资金支持力度，扩大科技资金使用范围，为重大工程的实施提供资金保障。

充分利用现有渠道，加强财政资金对创新型企业的支持，重点投向高新技术企业，智能制造、高端装备等制造业转型升级的关键领域。对承担国家级重大专项、重要计划和项目的企业和科研机构，给予资金配套。对落户山西省的国家实验室、国家工程实验室和国家、省级重点实验室、工程（技术）研究中心给予资金支持。对关键技术的攻关项目、对外开放科研实验设施的企业和科研院所、对建立技术转移中心的高校和科研机构给予奖励。完善和落实支持创新的政府采购政策，推动制造业创新产品的研发和规模化应用。加强对创业投资的政策扶持力度，对落户山西的创业风险投资公司给予资助。

③完善人才培育、引进和使用机制。让"尊重知识、尊重人才、尊重劳动、尊重创造"的理念深入人心，做到不拘一格选才、育才、用才，让每个人都有成才的机会，为各类人才提供干事创业、发挥作用的平台，使各类人才创新有机会、创业有舞台、创优有空间。

各省市应从发展目标、科研需求出发，深入分析人才资源的发展趋势，制定近期和远期的切实可行的人才培育和引进规划。鼓励企业与学校合作，培养产业急需的科研人员、技术技能人才与复合型人才，深化相关领域工程博士、硕士专业学位研究生招生和培养模式改革，积极推进产学研结合。校企结合，大力培育高技能人才，为生产一线、产业提升提供人才保障。通过创新创业大赛等竞技比赛，让青年人才脱颖而出，通过开展各类评选表彰活动，为青年人才提供展示平台，助推青年人才成长。

引进研究开发、经营管理、创意设计、知识产权等领域的人才。对接国家"千人计划""万人计划"，深入实施"百人计划""三晋学者支持计划""创新团队培育计划"，制订实施国内高端人才引进计划，加大对创新创业人才的引进、使用和评价考核力度。

要充分调动人才的积极性和创造性，发挥人才的聪明才智，就有必要依靠科学的人才评价和使用制度。应根据德才兼备的要求，从规范职位分类与职业标准入手，要打破年龄、身份、资历、学历限制，把工作能力、工作业绩、学术研究、人才培养、文化影响等相关方面的贡献进行量化，建立科学的考核体系。对优秀人才采用晋升、增加绩效工资、给予荣誉等激励方式进行正激励，对于不符合要求的人才采用转岗、调薪等负激励措施，并予以适度的培训。

④支持中小微企业的发展。做好小微企业创业创新基地城市示范工作，促进小微企业健康发展，推进大众创业、万众创新。积极引导中小微企业进入战略性新兴产业和现代服务业领域，大力支持优势传统产业中小微企业通过技术创新、品牌建设等手段向高端化发展。鼓励小微企业向产业化、集群化方向发展，将小微企业创业创新载体建设纳入全市产业发展规划中，引导各类小微企业完善产业链，提升产品配套率，实现大中小微企业共同发展。鼓励大学、科研院所、工程中心等对中小微企业开放共享各种实（试）验设施。加大对中小微企业工艺改进、检测检验、认证认可、技术攻关的扶持，支持中小企业提升产品质量，打造知名品牌。

建设完善中小企业创业基地，引导各类创业投资基金投资小微企业。比如各地市可设立地方创新基金支持创新型中小微企业的发展，以及引导社会资本投入初创期、成长期的科技中小型企业，带动社会资本对中小微企业的投资支持。促进银行业金融机构对中小微企业的信贷支持。落实国家和省内减免缓征中小微企业部分行政事业性收费的有关政策。

支持中小企业引进国内外行业领军和高层次人才，鼓励大中型企业为配套小微企业培训专业人才。落实国家政府采购支持小微企业发展的各项规定，制定切实的操作方法。

积极推荐、支持小微企业参加各类会展，通过主流媒体、网络媒体等渠道发布展会信息，提高小微企业参与度和公众关注度。重点支持科技型小微企业、科技含量高的小微企业参加科博会、中国小微企业博览会等展会，积极为本地各类小微企业参加的展会提供整体策划、宣传推广及场地租赁服务。

⑤健全法规保障。以国家中长期科学技术发展规划为指导，以完善政府服务职能为切入点，整合优化现有政策规章，既要有利于发挥政府服务职能，又要有利于突显市场化的效率效益，完善在促进自主创新、政府采购、保护知识产权、金融支持等方面的政策体系，制定特色高效的创新性政策法规，把创新型城市建设纳入法制化轨道。

推动修订《山西省政府采购管理暂行办法》，并制定相关的配套文件。政府对拥有自主知识产权和自主品牌产品要实行优先采购，把本省市创新企业的产品和服务纳入政府优先采购目录。

继续完善《山西省专利实施和保护条例》，有效激励创新与创造工作、有效运用创新成果、依法保护创新成果，设立政府专利奖，从财政、税收、政府采购等方面给予政策优惠等。

将高科技人才的培养以科技政策法规的形式固定下来，并在政策法规中建立和完善创新型人才的奖励制度，为专业人才的培养创造更加有力的环境和条件，更好地发挥人才的创新水平，从而推动高科技人才在创新型城市建设中的中坚作用，更好地服务于山西省创新型城市的建设。

⑥建立考评督查体系。建立科学统一的创新型城市建设评价考核指标体系，开展创新型城市考核，掌握各地市建设创新型城市的主要进展，准确描述、分析、评价、监测各项创新活动，正确评价各地市的创新水平，促进建设创新型城市的各项工作。指标体系的设置应坚持系统性和集中性相结合、客观性和可控性相结合、代表性和可比性相结合、定性和定量相结合的原则，确保所选指标的关键性和代表性，指标数据的可获得性和可考核性，指标体系运行具有可操作性。建设创新型城市是一个长期系统复杂的过程，评价考核工作也是不断完善的过程，需要各级各部门共同努力，根据实际情况提出改进意见，不断完善修正指标体系，搞好评价考核工作，形成创新导向，合力促进创新型城市的建设工作。

第 10 章 结 论

　　培育创新型城市是山西省转型发展的出路，山西省自提出建设创新型城市的城市发展战略以来，尚未出台评价体系。本书通过对创新型城市的相关理论的整理和归纳，构建了山西省省级创新型城市指标体系和综合指数评价模型，对山西省 11 个城市进行评价分析，提出建设创新型城市的对策。本书的主要研究成果有以下四点。

　　① 从创新型城市的概念、构成要素、核心内容及发展动因等方面，深刻剖析与理解创新型城市的内涵，以此为理论基础，构建创新型城市的概念模型。对国内外相关的创新型城市评价体系进行归纳整理，总结出创新型城市评价体系包含的主要内容、选用的评价方法。对山西省各城市进行分析，发现其具有一定的创新基础，但是相对于全国城市发展比较落后，现有的评价体系有的不适合山西省，不能用于评价指导山西省省级创新型城市的建设。

　　② 查阅大量文献资料，结合对国内外创新型城市的发展经验的总结，在准确把握创新型城市的内涵基础上，构建了创新型城市的概念模型。结合山西省城市实际情况，从创新主体、创新资源、创新环境、创新产出和辐射带动能力五个方面构建了山西省创新型城市指标体系，这五个要素不是单纯的组合，而是内部之间相互联系，并且包

含了创新投入和创新产出的关系。此指标体系从系统上是比较完整、科学的。

③以指数法在经济领域以外的应用为理论基础，参考人类发展指数的编制计算方法，用层次分析法确定指标权重，采用阈值法对指标进行标准化处理，构建了山西省省级创新型城市综合指数评价模型。本书搜集了山西省11个地市2014年的相关数据，用建立的指标体系和综合指数模型对其进行评价。结果表明太原市创新发展状况良好，大同市、阳泉市、运城市、长治市和晋城市创新发展状况一般；临汾市、忻州市、朔州市、晋中市和吕梁市创新发展状况较差。

④在对评价结果进行分析的基础上，提出山西省省级创新型城市培育的对策建议。规划了山西省省级创新型城市发展模式，以及从科学技术创新、产业发展创新、体制机制创新、社会文化创新等方面提出了进行创新型城市建设的主要任务。最后提出山西省省级创新型城市培育的保障措施。

附　录

附录 1　山西省城市创新政策汇总分类表

城市	政策文件名称	分类
太原市	《太原市建设国家创新型城市试点工作方案》	规划
	《太原市建设国家创新型城市试点工作方案实施细则》	规划
	《关于着力提升中小企业自主创新能力加快建设一流自主创新基地的意见》	企业
	《关于加快建设一流自主创新基地的实施意见》	环境
	《关于加快培育和发展战略性新兴产业的实施意见》	产业
	《加快推进农业科技创新的实施意见》	民生
	《太原市大学生创新创业扶持办法（试行）》	学校
	《太原市科技企业孵化器认定管理办法》	企业
	《太原市中长期人才发展规划纲要（2010—2020 年）》	资源
	《太原市促进专利转化办法》	环境
	《太原市科技风险投资促进条例》	环境
	《太原市促进科技服务业发展办法》	环境
	《太原市科技资源开放共享条例》	环境

续表

城市	政策文件名称	分类
大同市	《大同市中长期创新型科技人才培养引进实施方案》	资源
	《国家创新驱动发展战略大同行动计划(2014—2020)》	纲领
	《大同低碳行动计划》	规划
	《关于印发〈大同市市级财政科研项目资金管理办法〉(试行)的意见》	资源
	《关于印发〈大同市科技投融资专项资金管理办法〉(暂行)的通知》	资源
阳泉市	《阳泉市创新驱动发展战略》	纲领
	《关于推进创新驱动战略的工作方案》	规划
	《中共阳泉市委阳泉市人民政府关于全面推进科技创新的实施意见》(阳发〔2015〕23号)	规划
	《阳泉市低碳创新行动计划》	规划
	《阳泉市培育和发展新兴产业规划(2015—2020年)》	产业
	《阳泉市建设省级科技示范区实施意见》(阳发〔2008〕13号)	环境
	《阳泉市科技发展"十二五"规划》	规划
	《阳泉市专利管理办法》	环境
	《新兴产业发展中长期规划》	产业
长治市	《关于进一步加强科技依法行政的实施意见》	环境
	《长治市专利资助和奖励管理办法》	环境
	《长治市专利试点企业管理办法》	环境
	《长治市加快发展生产性服务业促进产业结构调整升级实施方案》	产业
	《长治市低碳创新行动计划(2014—2020年)》	纲领
	《长治市贯彻落实国家创新驱动发展战略山西行动计划(2014—2020年)实施方案的通知》	纲领
	《长治市科技创新工作推进措施》	规划

附　录

续表

城市	政策文件名称	分类
晋城市	《晋城市科技创新创业人才奖励办法的通知》(晋市政发〔2013〕40号)	资源
	《关于促进企业技术创新增强企业创新主体地位的实施意见》	企业
	《关于进一步加强科技人才工作的意见》	资源
	《关于加快发展高新技术产业的实施意见》	产业
	《关于加快科技中介服务业发展的实施意见》	产业
	《关于加强对外科技合作与交流的实施意见》	环境
	《关于促进创业风险投资发展的若干意见》	资源
	《关于加强知识产权(专利)工作促进技术创新的实施意见》	环境
	《关于强化农村技术承包工作的若干规定》	民生
	《关于加快区域科技创新体系建设的实施意见》	规划
	《关于促进产学研合作推动科技成果转化的实施意见》	学校
	《关于进一步加强农村科技服务体系建设的实施意见》	民生
	《晋城市保护知识产权专项行动方案》	环境
	《关于加快推进煤层气产业发展的实施意见》(晋市政发〔2013〕31号)	产业
	《晋城市创新驱动发展行动计划细化工作方案(定稿)》(晋市政办〔2014〕78号)	纲领
	《晋城市低碳创新行动计划细化工作方案(2014—2020年)》(晋市政办〔2014〕78号)	规划
朔州市	《朔州市人民政府关于加快草牧业发展的意见》	产业
	《朔州市加快文化产业发展的若干措施》	产业
	《朔州市推进文化创意和设计服务于相关产业融合发展行动计划》	产业
	《关于推进朔州市创业就业小额担保贷款工作的意见》	资源
	《关于加快推进特色现代农业发展的实施意见》	产业
	《关于振兴畜牧业发展的若干意见》	产业
	《关于筹办中北大学朔州电力学院的通知》	学校
	《朔州市低碳创新行动计划(2014—2020年)》	规划

续表

城市	政策文件名称	分类
朔州市	《朔州市人民政府关于创建国家级创业型城市的实施意见》	规划
	《国家创新驱动发展战略朔州行动计划(2014—2020年)》	纲领
晋中市	《晋中"十二五"科技发展规划》	规划
	《关于加快区域创新体系建设的实施意见》	规划
	《关于建设晋中市人才特区的意见》	资源
	《晋中市引进高层次人才实施办法》	资源
运城市	《运城市"十二五"科学技术发展规划》	规划
	《运城市人民政府关于印发国家创新驱动发展战略运城计划行动》	纲领
	《运城市中长期人才发展规划纲要(2010—2020年)》	资源
	《运城市高级能人才培训基地建设实施方案》	资源
	《运城市低碳创新行动计划(2014—2020年)》	规划
	《运城市人民政府办公厅加快推进新能源汽车产业发展》	产业
忻州市	《忻州市中长期人才发展规划纲要》(忻市发〔2010〕32号)	资源
	《忻州市中长期科技人才发展规划纲要》(忻市科发〔2011〕12号)	资源
	《中共忻州市委　忻州市人民政府关于深化科技体制改革加快区域创新体系建设的实施意见》(忻市发〔2014〕24号)	纲领
	《忻州市人民政府关于促进羊产业发展的若干意见》(忻市发〔2013〕40号)	产业
	《忻州市人民政府关于印发忻州市加快发展节能环保产业实施方案的通知》(忻市发〔2014〕7号)	产业
	《忻州市人民政府关于印发忻州市低碳创新行动计划的通知》(忻政发〔2014〕13号)	规划
	《忻州市人民政府关于印发国家创新驱动发展战略忻州行动计划(2014—2020年)的通知》(忻政发〔2014〕15号)	纲领
	《临汾市中长期人才发展规划纲要(2010—2020)》	资源

续表

城市	政策文件名称	分类
临汾市	《临汾科学发展规划纲要（2010—2020）》	规划
	《国家创新驱动发展战略临汾行动计划（2014—2020）》	纲领
	《临汾市低碳创新行动计划》	规划
吕梁市	《国家创新驱动发展战略吕梁行动计划（2014—2020）》（吕政发〔2014〕22号）	纲领
	《吕梁市加快发展生产性服务业促进产业结构调整升级实施方案》	产业
	《关于鼓励高新技术企业创新发展促进产业转型升级的意见》吕政发〔2014〕24号	企业

附录2 城市创新情况调查表（面向科技局）

单位基本信息：
单位名称：_____
联 系 人：_____　　　　　　职　务：_____
联系方式：
电　话：_____
E-mail：_____
填表时间：　年　　月　　日至　　月　　日

第一部分：本市有关城市创新基本状况

1. 本市的开发区情况

（1）国家级开发区数个，分别是_____。

（2）省级开发区数个，分别是_____。

（3）地市级开发区数个，前三位是_____。

2. 本市高新技术企业情况

（1）本市企业数个，其中高新技术企业数个。

（2）国家级高新技术企业数个，其中民营企业数个，重点的国家级高新技术企业有_____。

（3）省级高新技术企业数个，其中民营企业数个，重点的省级高新技术企业有_____。

（4）地市级高新技术企业数个，其中民营企业数个，重点的市级高新技术企业有_____。

3. 本市的技术人才情况

（1）本市专业技术人才数人。其中初级专业技术人才数人，中级专业技术人才数人，高级专业技术人才数人。大专以上学历_____人，博士后研究人员_____人，留学回国人员_____人，取得专业技术职业资格人员_____人。

（2）高水平的创新型领军人才中两院院士_____人，有突出贡献中青年专家_____人，享受国务院政府特殊津贴专家_____人。

（3）引进国家"千人计划""百人计划""长江学者""中国留学人员回国创业启动支持计划"等专项人才计划中的高端人才数_____人。

4. 本市科研院所情况

（1）国家级科研院所数所，分别是_____。

（2）省级科研院所数所，分别是_____。

（3）地市级科研院所数所，前3位是_____。

5. 本市企业技术创新中心情况

（1）国家级企业技术创新中心数个，分别是_____。

（2）省级企业技术创新中心数个，分别是_____。

（3）地市级企业技术创新中心数个，前3位是_____。

6. 本市创新创业基地情况

（1）国家级创新创业基地_____个，分别是_____。

（2）省级创新创业基地_____个，分别是_____。

（3）地市级创新创业基地_____个，前3位是_____。

7. 本市科学技术普及情况

（1）本市科普志愿者人数人。专职科普人员数人，其中研究生及以上学历____人，本科生____人。年度工作量____小时，其中全职0小时，兼职____小时。

（2）自2013年1月1日起，本市科普活动情况见附表1。

(3) 科普传播媒介主要包括。

附表1　科普活动统计表

年份＼指标	次数(次)	国家级科普活动	省级科普活动	地市级科普活动
2013年				
2014年				

8. 本市产学研合作情况（附表2）

附表2　本市产学研合作情况

指标＼年份			2010年	2011年	2012年	2013年	2014年
产学合作	省内合作	数量(个)					
		经费(万元)					
	跨省合作	数量(个)					
		经费(万元)					
学研合作	省内合作	数量(个)					
		经费(万元)					
	跨省合作	数量(个)					
		经费(万元)					
产研合作	省内合作	数量(个)					
		经费(万元)					
	跨省合作	数量(个)					
		经费(万元)					

续表

指标 \ 年份			2010年	2011年	2012年	2013年	2014年
产学研合作	省内合作	数量(个)					
		经费(万元)					
	跨省合作	数量(个)					
		经费(万元)					

9. 本城市在加快创新型城市的建设方面出台的相关政策措施：_____。

第二部分：本市发展总体情况及支柱产业创新基础数据统计表

1. 本市发展总体情况基础数据统计表。

①城市环境状况，如附表3所示。

附表3 城市环境统计表

指标 \ 年份	2010年	2011年	2012年	2013年	2014年	目标值
空气质量达标天数(天)						
城市污水处理总量(万吨)						
城市污水排放量(万吨)						
生活垃圾无害化处理量(万吨)						
生活垃圾产生量(万吨)						
工业二氧化硫去除量(万吨)						
工业二氧化硫排放量(万吨)						

注：目标值为2020年本市相应指标所要达到的目标，下同。

②国内外期刊发表论文数如附表4所示。

附表4　国外主要检索工具收录国内外期刊发表论文数统计表

指标 年份	SCI收录论文数(篇)	EI收录论文数(篇)	ISTP收录论文数(篇)
2010年			
2011年			
2012年			
2013年			
2014年			
目标值			

注：1. SCI指美国《科学引文索引》(Science Citation Index)。

2. EI指美国《工程索引》(The Engineering Index)。

3. ISTP指《科学技术会议录索引》(Index to Scientific and Technical Proceedings)。

③高技术产业数据如附表5所示。

附表5　高技术产业数据统计表

指标 \ 年份	2010年	2011年	2012年	2013年	2014年	目标值
本市GDP(亿元)						
高技术产业总产值(亿元)						
高技术产业1(　)产值(亿元)						
高技术产业2(　)产值(亿元)						
发明专利申请数(件)						
发明专利申请授权数(件)						

2. 本市支柱产业创新基础数据统计表。请根据附表 6 填写排名前 3~5 个支柱产业的数据。

附表 6　本市支柱产业创新基础数据

指标	单位	2010 年	2011 年	2012 年	2013 年	2014 年	目标值
拥有大专及以上学历的人口数	人						
就业人员数	人						
R&D 人员数	人						
全社会 R&D 经费支出	亿元						
企业 R&D 经费支出①	亿元						
企业主营业务收入②	亿元						
发明专利申请数	件						
发明专利申请授权数	件						
GDP	亿元						
能源消耗总量(万吨)	标准煤						
技术市场成交合同金额	亿元						
科学技术财政支出	亿元						
财政支出	亿元						

①企业 R&D 经费支出是指规模以上工业企业在报告年度内用于内部开展 R&D 活动的实际支出。

②企业主营业务收入是指规模以上工业企业在销售商品、提供劳务等日常活动中所产生的收入总额。

附录3 创新、创新型城市调查问卷（面向大众）

尊敬的先生/女士：

您好！我们是太原科技大学创新型城市课题研究小组。感谢您百忙中抽出时间来完成这份问卷。

本问卷的调研内容是创新与创新型城市的相关问题，目的是为了获悉大众对此问题的认识情况。您的回答将会保密，获得的数据仅为进行科学研究之用，不会用于其他任何用途。

回答本问卷可能需要10分钟。本问卷的回答无对错之分，请您回答全部问题，这点对本研究的成功非常重要。

非常感谢您的支持与帮助！

个人基本信息部分。请您根据自身情况回答相应问题。

1. 您当前所在地为　省　市　县（区）
2. 您的性别：□男　　□女

　　您的年龄：□18～30岁　□31～40岁　□41～50岁　□50岁及以上

3. 您从事工作的年限：

□0～5年　□6～10年　□11～20年　□21～30年　□30年及以上

4. 您当前的职业是：

□工人　　□农民　　□商人　　□知识工作者　□其他
5. 您的学历：

□小学　　□初中　　□高中　　□大学　　□研究生

附 录

关于创新、创新型城市，请您根据自身的认识回答以下问题。

1. 在日常生活中，您会自己动手制作些物件，以让生活更加便利、多彩吗？

□经常做　　□偶尔做　　□从不做

在1题中若您选择"从不做"，则第2题您不用回答，否则请做出选择。

2. 若您在生活中已经有小发明、小创造，您认为成功的原因是什么？

_____。

您的"小发明、小创造"，已经申请专利或者在企业中批量生产了吗？（可多选）

□已经申请专利　　□正在着手申请专利　　□没有申请专利

□已经批量生产　　□正在着手批量生产　　□没有批量生产

3. 您是否愿意参加创造、发明类的比赛：□愿意　　□不愿意

愿意或者不愿意的原因是_____。

4. 您认为某个人要做一些创造性的活动，最需要什么素质？

□充分的专业知识　　□灵敏的思维　　□持之以恒不断试验　　□总结前人成果

5. 您觉得影响一个人创造力的因素有哪些？（本题可多选）

□智力　　□所受教育层次　　□父母及周边环境影响　　□某一时刻的突发奇想

6. 若学校鼓励小学生多参与一些小发明、小创造活动，您怎么看？

□非常同意　　□比较同意　　□一般　　□不太同意　　□不同意

7. 大学生在校学习期间应该将一部分精力用于搞小发明、小创造。

□非常同意　　□比较同意　　□一般　　□不太同意　　□不同意

8. 您关注过"本地区的科普活动和各种创新活动"吗？

□非常关注　　□比较关注　　□一般　　□不太关注　　□不关注

9. 您参与过几次"本地区的科普活动和各种创新活动"？

□0次　　　□1~2次　　　□3~5次　　　□6次及以上

10. 您参与的"本地区的科普活动和各种创新活动"是什么级别？

□省级　　　□市级　　　□县（区）级　　　□乡镇级

11. 您参与的"本地区的科普活动和各种创新活动"在各种媒体上报道吗？

□广泛报道　　□报道过　　□没有报道

12. 若有资金支持以及有好的点子，我会更倾向于"自主创新创业"。

□非常同意　　□比较同意　　□一般　　□不太同意　　□不同意

13. 您有过"自主创新创业"的想法吗？

□曾经有过　　□正在尝试　　□不想这事情

在13题中，若您选择"不想这事情"，则第14题您不用回答，否则请做出选择。

14. 您是从何时有的"自主创新创业"的想法？

□18岁之前　　□19~30岁　　□31~40岁　　□41~50岁

□50岁以后

15. 本地区有没有相关单位为个人的创新创业提供一系列的服务或帮助？

□服务比较到位　　□服务不完善　　□没有相关服务　　□不了解此事

16. 您了解"中国要建设创新型国家"吗？

□非常了解　　□比较了解　　□一般　　□不太了解　　□不了解

17. 您了解"城市转型发展"的相关话题吗？

□非常了解　　□比较了解　　□一般　　□不太了解　　□不了解

18. 您所知道的本市盛产的自然资源有＿＿＿＿＿＿＿＿＿＿＿。

19. 您喜欢您当前所在城市吗？

□非常喜欢　　□比较喜欢　　□一般　　□不太喜欢　　□不喜欢

若不喜欢，原因在于。

20. 国际、国内的城市中，您比较喜欢的城市是，

喜欢的原因是（本题可多选）：

□气候好　　□经济发达　　□教育发达　　□医疗条件好　　□交通便利
□其他

21. 您认为您当前所在城市提供创新创业的优势条件是：

□人才多　　□资本多　　□交通便利　　□政府服务好　　□其他　　□无

22. 您认为您当前所在城市提供创新创业的劣势条件是＿＿＿＿＿＿＿＿＿＿＿＿＿＿＿＿＿＿＿＿＿＿＿。

23. 我当前所在城市的经济发展水平，适合创新创业。

□非常同意　　□比较同意　　□一般　　□不太同意　　□不同意

24. 我当前所在城市的教育水平，适合创新创业。

□非常同意　　□比较同意　　□一般　　□不太同意　　□不同意

25. 我当前所在城市的名气，适合创新创业。

□非常同意　　□比较同意　　□一般　　□不太同意　　□不同意

26. 我当前所在城市的制造类企业发展水平，适合创新创业。

□非常同意　　□比较同意　　□一般　　□不太同意　　□不同意

27. 我当前所在城市的服务类企业发展水平，适合创新创业。

□非常同意　　□比较同意　　□一般　　□不太同意　　□不同意

感谢您填写这份问卷！

参考文献

[1] 杨东升. 中国西部地区的农村经济发展与自然生态环境的可持续性研究[J]. 经济科学,2006(2):5-12.

[2] 黄鲁成. 论区域技术创新生态系统的生存机制[J]. 科学管理研究,2003,21(2):47-51.

[3] 罗亚非,孟韬,张杰军. 我国创新型试点企业创新能力差异分析[J]. 科学学与科学技术管理,2010,31(12):23-28.

[4] 许爱萍. 创新型城市发展模式及路径研究[D]. 天津:河北工业大学,2013.

[5] 赵黎明,冷晓明. 城市创新系统[M]. 天津:天津大学出版社,2002.

[6] 李飞,张晓立,覃巍. 城市创新系统理论研究综述[J]. 城市问题,2007(10):3-12.

[7] 范柏乃. 城市技术创新透视[M]. 北京:机械工业出版社,2004.

[8] 隋映辉. 城市创新系统与"城市创新圈"[J]. 学术界,2004(3):105.

[9] 张继飞. 西安创新型城市建设与创新能力评价研究[D]. 西安:西北大学,2008.

[10] Landry C. The Creative City：A Toolkit for Urban Innovators[M]. Earths can Publications Ltd, 2000.

[11] Bianchini F,Landry C. The Creative City[M]. London:Comedia, Demos, 1995.

[12] Hall P. The Future of Cities [J]. Computers,Enviornment and urban systems, 1999(23):174-185.

[13] Hall P. Creative Cities and Economic Development[J]. Urban Studies. 2000,37

(4):639-649.

[14] Simmie J. Innovative Cities[M]. London&New York:Spon Press,2001.

[15] 尹继佐. 世界城市与创新城市:西方国家的理论与实践[M]. 上海:上海社会科学院出版社,2003.

[16] Manfred M,Revilla J,Snickars F. Metropolitan Innovation Systems:Theory and Evidence from Three Metropolitan Regions in Europe[M]. Berlin: Springer-Verlag Berlin Heidelberg,2001.

[17] 杨冬梅,赵黎明,闫凌州. 创新型城市概念模型与发展模式[J]. 科学学与科学技术管理,2006:97-101.

[18] 马池顺. 创新资源视角下的创新型城市成长研究[D]. 武汉:武汉理工大学,2013.

[19] 中华人民共和国科学技术部. 关于进一步推进创新型城市试点工作的指导意见[Z]. 2012.

[20] 魏亚平,贾志慧. 创新型城市创新驱动要素评价研究[J]. 2014(19):1-5,20.

[21] 吴宇军,胡树华,代晓晶. 创新型城市创新驱动要素的差异化比较研究[J]. 中国科技论坛,2011(10):23-27.

[22] 胡树华,牟仁艳. 创新型城市的概念、构成要素及发展战略[J]. 经济纵横,2006(8):61-63.

[23] Taylor R,Chiang H. Innovation,Agglomeration & Creative Cities[R]. http://www.sfu.ca/italiadesign/2007/page/Papers.html. 2007.

[24] 朱凌,陈劲,王飞绒. 创新型城市发展状况评测体系研究[J]. 科学学研究,2008,26(1):215-222.

[25] 张士运,刘好. 北京创新型城市进程的国内比较[J]. 中国软科学,2008(12):86-89.

[26] 汤进. 创新型城市的建设途径——日本川崎市的经验和启示[J]. 上海经济研究,2009(7):88-96.

[27] 厦门市科学技术局. 科技部、发改委关于国家创新型城市建设[Z]. 2010.

[28] 屠启宇,王成至. 以综合创新全面提升上海国际化水平——更新理念与导入评价[J]. 社会科学,2004(1):50-61.

[29] 周勇,冯丛丛. 刍议创新型国家(省、市)的评价指标体系[J]. 科学与管理,2006(3):72-80.

[30] Solidiance 管理咨询公司. 亚太地区最具创新力城市[R],2013.

[31] 世界银行. 东亚创新型城市的研究报告[R],2005.

[32] 惠宁,谢攀,霍丽. 创新型城市指标评价体系研究[J]. 经济学家,2009(2):102-104.

[33] 周纳. 创新型城市建设评价体系与评价方法探讨[J]. 统计与决策,2010(9):21-23.

[34] 李兵,曹方,马燕玲. 基于灰色分析的城市创新能力评价研究[J]. 图书与情报,2012(3):121-124.

[35] 创新城市评价课题组. 中国创新城市评价报告[J]. 统计研究,2009,26(8):3-9.

[36] 王秋影,吴光莲,庞瑞秋. 创新型城市与长春市创新能力评析[J]. 经济地理,2009,29(10):1655-1660.

[37] 石忆邵,卜海燕. 创新型城市评价指标体系及其比较分析[J]. 中国科技论坛,2008(1):22-26.

[38] 周晶晶,沈能. 基于因子分析法的我国创新型城市评价[J]. 科研管理,2013,4(专刊):195-202.

[39] 中华人民共和国科学技术部. 创新型城市建设监测评价指标(试行)[Z]. 2012.

[40] 吕庆华,芦红. 创意城市评价指标体系与实证研究[J]. 经济地理,2011,31(9):1476-1482.

[41] 李琳,韩宝龙,李祖辉. 创新型城市竞争力评价指标体系及实证研究——基于长沙与东部主要城市的比较分析[J]. 经济地理,2011,31(2):224-236.

[42] 袁志红. 城市创新指数的设计与选择研究——以太原为例[J]. 科技管理研究,2012(15):79-83.

[43] 寇明婷,陈凯华,高霞,等. 创新型城市技术创新投资效率的测度方法研究:基于创新过程的视角[J]. 科研管理,2014,35(6):56-67.

[44] 吴素春. 创新型城市内部企业 R&D 模式与创新绩效研究[J]. 科研管理,2014,35(1):33-40.

[45] 张会敏. 基于指数的高等教育质量管理方法研究[D]. 上海:华东师范大学,2012.

[46] 袁卫.中国发展指数的编制研究[J].中国人民大学学报,2007(2):1-12.

[47] 孙冀萍.山西省生产性服务业发展策略研究——基于因子分析法[J].经济参考研究,2014(39):50-57.

[48] 马佳美.我国政府科技创新政策导向研究[D].哈尔滨:哈尔滨理工大学,2014.

[49] 罗斯托.经济增长过程[M].北京:商务印书馆,1962.

[50] 孙利荣.现代综合评价理论的发展[J].中国统计,2009(6):59-61.

[51] 刘文.食品安全指数的构建及应用研究[D].武汉:华中农业大学,2013.